母语
课堂

Muyu Ketang

·薛瑞萍母语课堂·

写作课

薛瑞萍 —— 著

江西教育出版社
·南昌·

图书在版编目(CIP)数据

写作课/薛瑞萍著. -- 南昌：江西教育出版社，2022.8（2024.1 重印）
（薛瑞萍母语课堂）
ISBN 978-7-5705-3097-7

Ⅰ.①写… Ⅱ.①薛… Ⅲ.①作文课－小学－教学参考资料 Ⅳ.① G623.243

中国版本图书馆 CIP 数据核字 (2022) 第 102318 号

写作课
XIEZUO KE

薛瑞萍　著

江西教育出版社出版

(南昌市学府大道 299 号　　邮编：330038)
各地新华书店经销
江西省和平印务有限公司印刷
开本 700 毫米 ×1000 毫米　　1/16　　印张 15　　字数 181 千字
2022 年 8 月第 1 版　　2024 年 1 月第 2 次印刷
ISBN 978-7-5705-3097-7
定价：42.00 元

赣教版图书如有印装质量问题，请向我社调换　电话：0791-86710427
投稿邮箱：JXJYCBS@163.com　　电话：0791-86705643
网址：http://www.jxeph.com

赣版权登字 -02-2022-240
版权所有　侵权必究

总序

把世界带进教室

一

"母语课堂"丛书初版于 2016 年。这次修订再版,将《诵读课》《吟诵课》更换为《薛瑞萍教学设计与实录》和《在家读诗》。如此,这套书就成为连续四届——连续 17 年的学习与工作记录。编辑希望我做一个说明,于是有了这一个总序、这段再回首。

二

遥想 1997 年暑假,第一次参加继续教育培训。一日上午,全科教师集中于合肥师范学校礼堂上大课。七八百名学员,齐聚一堂;没有空调的会场,热浪滚滚。

啊!那真是一个宽松、浪漫而野蛮生长的神奇年代。我怀念,我赞美!就在我满怀敬意的注视与谛听中,台上那位可敬的省教研员,她一边擦汗,一边声嘶力竭地讲。坐在后排的我,隔着滚滚热浪听见——越来越清晰地听见:

"……基础教育课程改革,试验……新课标,征集意见……教材只是个例子。教师和学生是平等的,师生与教材也是平等的。教师有权利对教材提出质疑,有责任引导学生在课堂上围绕教材展开讨论,并将其他丰富、优质的学习材料引进课堂。学生的大脑不是容器。他们需要的不是填充,而是激活和点燃……"

当时坐在后排的我,既想撇嘴,又想大笑;既想鼓掌,又想握手!教育本该如此!而我,一直都是朝这个方向努力的。只是没有得到过如此明晰、如此有力的引导,如此明晰、如此有力的支持。那一刻,是我职业生涯中的重要时刻。那年我 32 岁。

下课了,我逆人流而上挤到后台,想与老师继续交流。老师一边擦汗,一边鼓励:"最好把你的做法记录下来,你也可以投稿。课程改革的关键是教师……"

被唤醒,被激活,被摇撼;发誓求真知,讲真话,做真教育;发愿在追逐理想的路上走到底。那些年,有过类似体验的青年教师太多。《薛瑞萍教学设计与实录》记录的是 2004 年春季第 12 册语文的教学,是一个教师的个人记录,是"课程改革那一届"的成长总结,也是时代的一道辙痕。

之后的岁月里,每当我感觉孤独虚无,怀疑付出与努力是否值得的时候,就会忆起那天上午的大课,同时想起 1932 年 6 月毕业季,胡适先生《赠与今年的大学毕业生》中的一番话:

> 我们要深信:今日的失败,都由于过去的不努力。我们要深信:今日的努力,必定有将来的大收成。

> 佛典里有一句话:"福不唐捐。"唐捐就是白白地丢了。我们也应该说:"功不唐捐!"没有一点努力是会白白地丢了的。在我们看不见想不到的时候,在我们看不见想不到的方向,

你瞧！你下的种子早已生根发叶开花结果了！

三

之后，就是"心平气和的一届"。

《薛瑞萍读教育理论》和《薛瑞萍教育教学问答》都完成于2004—2010年，写作时间与"班级日志"重合。被点燃的人，连自己都怕。

"德之不修，学之不讲，闻义不能徙，不善不能改，是吾忧也。"孔子的意思是，除非你能够讲出来，并且落实到行动上，否则就不算是真的理解，真的在学。

《薛瑞萍读教育理论》就是这样一个求真知的记录。因为这些读书笔记，我结识了很多热爱钻研的同道；我们结成了真实不虚的"成长共同体"，体验着"以文会友，以友辅仁"的大快乐。

四

《薛瑞萍教育教学问答》则不同，是在朋友的鼓励和催促之下编织出来的——缘起于讲座中经常遇到的提问，回答涉及母语教学、班主任工作、家庭教育等诸多问题。相当于一本"实用手册"、一个工具箱，是一个建议、参考的意思。然而绝没有想到的是，《薛瑞萍教育教学问答》竟然广受欢迎。

2010年9月，回头带一年级。新生家长会上，我亲爱的搭档——教数学的王祥玲老师宣布《薛瑞萍教育教学问答》为本班家长必读书。"这本书我读过，我和薛老师是一条心。有不明白的，先读《薛瑞萍教育教学问答》。书里说过的，不要再来问！"

王老师做得对吗？我不确定。事实上，王老师做了一件我想做而不好意思做的事情；事实上，到了"这一届"，不少做法有所调整、有所改进。结果是，2010—2016那六年，我俩带得太顺心了。孩子以及家长都说：王老师好比严父，薛老师好比慈母，这个班好比一个大家庭。

"这一届"也即"太顺心的一届"，人数大约是点名册上的三倍。因为阅读，"我们班"向来包括孩子父母，乃至留守儿童的爷爷奶奶；连接和聚拢我们全体的，是那些美丽的诗篇、伟大的书。

五

"心平气和的一届"的"班级日志"是一部流水账。到了"太顺心的一届"，钻研和记录变得相对严谨，于是有了成体系的《写作课》《讲述课》《诵读课》《吟诵课》。

《诵读课》《吟诵课》的课题都是经典教育。时过境迁，之后的《薛瑞萍教古诗》《薛瑞萍教童谣》《薛瑞萍教童诗》《薛瑞萍读飞鸟集》以及这套书中的《在家读诗》，都是同一课题更深入、更贴近孩子的探索与记录。所以此次再版的时候，字字皆辛苦的《吟诵课》《诵读课》如笋衣一样，随新竹拔节而自然脱落；又如落红，化作春泥更护花。

"岁寒，然后知松柏之后凋也。"松柏岂不落叶？它只是在凋落的同时，不断生出新叶而已。教育是对成长的迷恋。除非自身成长，日有所进，否则教师如何服务孩子成长？

六

讲述，实在是一个太过重大的课题。

人类学有一个说法，智人取代尼安德特人的原因不在于体力，也不在于智力，乃是因为智人是一种善说故事的物种。故事带来凝聚力、想象力。

果如是，则这种讲述在中国至迟从战国时期就开始了。夸父追日、精卫填海、黄帝战蚩尤、神农尝百草、舜耕历山、大禹治水……这些故事的滥觞，也是华夏文明的重要起源。

从类比的角度看，智人和尼安德特人的差别大约相当于地球人和三体人的差别。在《三体》中，云天明用以拯救地球人的终极武器，恰是讲述。三个童话，是三个密码本。

讲述对于人类是如此重要，如此生死攸关，以至于能够如其所是地阐明讲述之力的，只有讲述本身。《一千零一夜》中，山鲁佐德夜复一夜的讲述，挽救了自己及众多女孩的性命，更拯救了残暴的国王。故事让国王得到疗愈，重新获得理性与爱的能力，重生为人。这才是终极拯救。

在《一千零一夜》这个故事中，山鲁佐德讲故事的智慧成功吸引了国王听故事的兴趣！所以我们可以说：讲述带来疗愈；一个人只要他对故事还有需求，就还有救。

故事是纽带、清泉、忘忧草。有些时候，故事还可以是烈火，焚尽不赦的罪恶。不信，请诵鲁迅先生的《故事新编》之《铸剑》，《庄子》之《逍遥游》；伊塔洛·卡尔维诺之《看不见的城市》，厄休拉·勒古恩之《一无所有》；阿城之《遍地风流》，何大草之《春山》……它们所演绎的，都是讲述的力量。一个民族，无论物质如何丰富，若是不能源源不断地产生好故事以滋养其共同体中的成员，终究是贫乏的、孱弱的、可怜的。

《乡村教师》就是一个绝好的故事，写作《乡村教师》的刘慈欣老师就是一位超级讲述者。刘慈欣擅长将现实和科幻无缝对接，擅长弥合现实与神话的隔阂。小说中那位身患绝症的乡村教师，临终前以口述的方式命令娃们背诵牛顿三大力学定律——老师就要死了，再也来不及讲解。这时娃们背诵的，其实是埋藏于体内等待燃烧的宇宙精煤。

如果生命允许，那位乡村教师一定会透彻地讲解牛顿三大力学定律，并讲很多故事：神话、童话、民间传说、经典名著、科学家传记。

"他们有一种个体，有一定数量，分布于这个种群的各个角落，这类个体充当两代生命体之间知识传递的媒介。"

"听起来像神话！"

"他们叫教师。"

讲述是教师的基本功，此乃常识。在我看来，语文教师不爱、不会讲故事，是匪夷所思的咄咄怪事。《讲述课》是关于"说什么"和"怎么说"的课程探索。一个例子而已。到"依依不舍的最后一届"，具体做法又有所调整，这是再自然不过的事情。

七

《写作课》的目的很单纯，就是想帮到那些焦虑的父母，那些被"囚禁"在写作培训班的孩子。先做读写人，再教读写课。《写作课》也是一名四十多年读写不辍的读写人关于读写的分享。

"太顺心的一届"毕业了，回头带"依依不舍的最后一届"。这时候班主任已经换人，但是王老师的教育勇气却被我"继承"了下来。二年级下学期，我要求孩子人手一本《写作课》。

"这是上一届大哥哥、大姐姐们的成长故事。不着急，你们慢慢看，需要的时候看。到了几年级，就看几年级的内容。你们报别的学科培训我管不着，有了这本书，语文就不必再上任何读写班，也不必再买任何作文选。有功夫宁可到户外玩耍，宁可阅读班级图书！"

家长、孩子个个欢喜。因为整个小学阶段，孩子们遇到的写作课题、写作困难基本相同；因为《写作课》提供的示范和陪伴，是那样的真实、亲切——真实、有力。

相比于《写作课》，《亲爱的汉修先生》才是本班孩子的写作宝典。这也是王祥玲老师阅读的第一本儿童文学经典读物。王老师哭着说：

"哎呀，薛呀，太感人了！我觉得鲍雷伊爸爸也挺可怜的，我希望鲍雷伊的妈妈让他回家。"

"你去问问孩子们吧！"我如是答。

八

在家读诗，是我从中学到今天不曾间断的生活方式，如呼吸一样自然。所以那样热切地带着孩子及家长做经典阅读，那样不遗余力地建设书香班级、书香家庭。归根到底，是想为自己找到同伴，找到灯。

感恩一届又一届孩子的陪伴！

又是毕业季。今天是我"太顺心的一届"孩子高考的日子；到9月，我带的最后一届宝贝也要升初中了。一代人有一代人的挑战，一代人有一代人的使命。2022年太不寻常。孩子们啊，老师为你们读诗，为你们祝福：

火　车

贾希特·塔朗吉　余光中 / 译

去什么地方呢？这么晚了，
美丽的火车，孤独的火车？
凄苦是你汽笛的声音，
令人记起了许多事情。

为何我不该挥舞手巾呢？
乘客多少都跟我有亲。

去吧，但愿你一路平安。
桥都坚固，隧道都光明。

九

"学生的大脑不是容器。他们需要的不是填充，而是激活和点燃。"这是常识。学生如此，教师何尝不是？如同创业从来都是持续创业，点燃——也从来都是持续点燃。最后，摘几段话送给亲爱的同行们——

  我的脑海里经常回荡着几百个老师焦急的声音，他们在问我："你如何判断，如何确定孩子在学习什么东西呢？甚至他们是不是在学习呢？"答案很简单，我们无法判断，尽管我们不能确定。我对于教育的看法建立在一个信念之上，尽管有很多证据可以支持这个信念，但我无法证明，可能永远也证明不了。这可以称之为"信仰"，这个信仰就是人天生是学习的动物。鸟儿会飞翔，鱼儿会游泳，人类会思考和学习。

  因此，我们不需要通过哄骗、贿赂或者恐吓去"推动"孩子学习。我们不需要不断地刨开他们的头脑以弄清楚他们是不是在学习。我们需要做的——唯一需要做的——就是尽我们所能地把这个世界带到学校和教室，给孩子们需要的及他们要求的帮助和指导，然后就走开。我们要相信他们能做好余下的事情。

（约翰·霍尔特《孩子是如何学习的》）

把世界带进教室。这是我们唯一需要做的事情。

其他一切，交给祈祷和信仰吧。

初稿于 2022 年 6 月 7 日
定稿于 2022 年 6 月 16 日

对连续、完整、真实的追求

一

连续性是第一重要的教育原则。

母语课堂系列书,是对"连续性原则"的落实。无论教师具体做法有怎样的不足,"六年一贯"带来的责任感、安全感、师生一体感,已经赋予这套"母语课堂"所有"横切一面"或"惊鸿一瞥"式教学记录无法比拟的真实力和生命力。对此,看云及云门弟子无需自谦。这是教师个人的幸运,是一班孩子的幸运。而这种连续性,原本是"真实的教育得以发生"的前提。

生命应当完整。健康和未遭异化的生命天然追求意志、情感、思维的有次第、均衡全面的发展。这是看云在这一届学生中努力实践儿童阅读课程化的原因。

课程化是一种节奏和韵律,具体做法如下:

1. 日有所诵。
2. 建立班级书库,保证孩子每天借阅一本图书。

3. 一周一个故事。周三讲述，周四重讲。

4. 一周吟诵一首诗（"每周一歌"）。

5. 一周一单元进行朗读教学。

选择适宜且优质的读本。

进入课堂的读本乃至篇目如何选择？朗读与讨论的关系如何处理？如何通过朗读教学提升孩子的阅读境界和写作能力？所有这些，在看云这里经历了一个辛苦、纠结和对孩子充满心疼的过程。然而，恰是这种辛苦、纠结和心疼将我和这一班孩子紧密联系起来。

然而，我又在《人学》里读到：

> 你们必须谨记在心，你所教导的孩子除了你对他的教育之外，还有另外的事要做。他有各种事情要做，而这些事只间接属于你的工作范围。孩子得成长。是的，他必须成长，而正当你教育他的时候，你应该了解他必须正确地成长。这是什么意思？意思是说，你一定不要让你的教学、你的教育干扰孩子的成长。你一定不要造成其成长的干扰；更恰当地说，你的教学与教育应该与孩子的成长相容。

如雷在耳，醍醐灌顶。于是谨在心中恭敬作答：

教师要自觉限制自己的权力。儿童阅读也要警惕贪多求深，尤其要警惕对于显性的、数据化的阅读成果的追求，因为最珍贵的东西恰恰是无法量化的。比如师生的幸福指数；比如一班孩子脸色是否红润？眼睛是否有光？婴儿肥是否迅速消失？……这意味着孩子因为死记硬背或过度智力学习提前进入衰老和僵硬的过程。

宁可少做，也不能让孩子太累。

二

关于日有所诵的重要性，关于"语调音语舞"对儿童身、心的全面滋养，以及"真实的写作"对于培养"真力量、真人格"的助益，书中已有详述。这里我想说说阅读和写作的关系。

斯坦纳说："教育就是教会人正确地呼吸。"

阅读是吸入，而写作，只是呼出方式的一种。

太上立德，其次立功，其次立言。古人将"立言"放在第三是有道理的。

"君子无终食之间违仁，造次必于是，颠沛必于是。"太上立德的孔子，一生述而不作，儒学却因孔子成为中国民族精神的基本构架："出师未捷身先死，长使英雄泪满襟。"其次立功的诸葛亮，除《诫子书》，只留下质朴实用的策论、奏章。还有深夜读《春秋》的关羽，没有留下关于忠义的任何文章，但他却作为忠义精神的化身，千百年以来在中国民间受到类似神祇的崇拜。

诸葛亮、关羽可谓饱学博学，却都不以文章名世，然而你怎能说他们的书白读？

阅读是吸入，而写作只是呼出方式的一种。一部分孩子会把阅读呼出为文字，一部分孩子则呼出为气质、气概、性格、智慧、勇气、能力。"凡有所学，皆成性格。"未必都转化为"显性"的文章。男生尤其如此。

要想写好就得多读，但是读书不全是为了写作。孩子有权对于写作不喜欢，没兴趣。而那些温润、丰富的阅读，一定会从另一个方向呼出，比如看世界的眼界和心态，比如待人接物的从容和裕如，以及职场上的自信儒雅、恋爱时的善解人意……

且让孩子只为享受而读书吧，不必人人都成为文学少年，也不可能人人都是文学少年，更不要奢求立竿见影的阅读成效。立竿见影的多是面子工程，面子工程往往害人害己。

　　归根到底，写作是为了满足孩子自己表达的需要，而不是满足别人和社会。至于高考，"就那么回事！"想透这一点，参透这一层，少了基于功利心的焦虑，阅读反而能够更好地滋养孩子的心灵和文笔。

　　聆听也是阅读。有意反复的、课程化的讲述对于培养孩子专注力、聆听力、理解力意义重大。以日记的方式复述"课堂上的故事"对于儿童习作是一条亲切温暖的启蒙之道。

　　感谢您的开卷！

薛瑞萍
2014 年 5 月

目录
MULU

二年级

记叙 / 003

模仿 / 007

指导 / 013

三年级

"这下老师应该高兴了吧!" / 023

小黄橘 / 027

真正的品质 / 030

最好和最高尚的事情 / 039

日记点评（一） / 052

"亲爱的薛老师" / 058

有关21日的主题点评 / 064

雪落无声:《客店没有空房间》 / 067

所谓佳作 / 074

星星的小眼睛 / 080

迎春开过桃花开 / 091

水和岸　/　097

看到，听到，触到　/　103

写真，写实，写小　/　108

细节和修改　/　114

四年级

退缩与警钟　/　125

行你所愿　/　132

因为《地球上的天堂》　/　144

话虽旧而道常新　/　149

集体的习作典范　/　157

如果你不曾感到吃力　/　163

我们的球场　/　171

梅花、橙子、爆米花　/　177

日记点评（二）　/　184

编次　/　193

又是春天　/　197

教材例文和弟子日记　/　201

教材课文和弟子日记　/　207

真实对抗一致性　/　215

妈妈的故事　/　221

结语　/　226

二年级

ER NIANJI

记　叙

作文教学是母语学习的重难点。

迄今为止，看云尝试过的方法大致如下：教师下水，激发学生写作热情；求新求奇，鼓励孩子自由想象；创造"发表机会"，满足或刺激孩子的表现欲、竞争心。

大约由于能力和耐性不够吧，这些方法迟早都会失去新鲜和效用。因为教师过度追求文学性，有意无意地把学生当作潜在的文学少年来对待了；而文学气质之有无，大抵有赖于天赋。同时，这些做法都在学生"内在的"节奏和需要之外起作用，而教师对于学生"内在的"节奏和需要知之甚少。

家长关注作文是为了分数。教师心知肚明的事实却是：只要书写工整、篇幅适宜、叙述清楚且不走题，分数一般差不多。

在今天，教师应以务实、负责的态度重新审视自己的工作，通过务实、负责的作文教学帮助学生获得他们切实需要的思维、表达、内省的能力，达到他们理应达到的身、心、灵的真实成长。果如此，他们既不会在分数上吃亏，又在分数之外，为一生发展奠定能力与品行的基础。

是斯坦纳帮助看云彻底想清了这一点。

    介于十岁和十二岁之间的孩子应着重练习写作记叙文，把所见所闻及实际经历的事情写出来，要鼓励他们详细记述已经发生的事件,并做正确的陈述。

(斯坦纳《做适合人的教育》)

这段话回答了两个基本问题,小学阶段正式学习写作的年龄及小学阶段习作的内容。《心平气和的一年级》犯的一个严重错误,就是鼓励一年级孩子写日记。名为"自愿",然而一年级家长和孩子哪里经得起老师,尤其是看云这样的老师的强鼓励、强刺激!后来才知道,为了写出得到表扬的那几句、那几行,往往需要孩子一家忙到很晚。原本这些时间孩子应该用来运动、玩耍、阅读和睡觉的!如果老师真的"心平气和",就让孩子沉睡,且孩子需要有沉睡的能力酣睡,等"时候到了"再让孩子动笔——正如春天到了再播种,那么孩子会少累很多,而且事半功倍。作孽啊!

第四个一年级,看云给学生和自己减负。二年级开始写日记,一周一篇。而且写信教给家长辅导的方法:

> 第一,充分说。让孩子把要写的事情说清楚,他多说几遍,直到说得通顺连贯、语句相对固定了,才动笔。"充分说"其实就是在练习打腹稿的习惯,练就"胸有成竹"的内功。说好了,孩子开始写了,父母就走开,不要管他。不会的字孩子先用拼音代替。检查时,父母一并教写字。

"日记佳作欣赏"是二年级上学期看云写给家长的"每周一信"的主要内容。然而发表的日记并不都是最好的!有意选择中等略上的发表,是不想在孩子和家长中间引起攀比、焦虑。这个时候,看云终于明白:比日记水平更宝贵的,是孩子生活的平静与安全,集体生活的融洽与和谐。佼佼者的文采,大半是来自人力不可强至的天赋,昙花一现也是有的。过度宣扬，既打扰了"这几个"的平静，也打乱了多数人的节奏，欲速则不达。

对于那写得特别新颖、特别好的，教师一定要用课堂朗读的方式隆重表扬。这是学生应当看到的安全且美丽的标杆。

> 如果教师们坚持让孩子们练习纪实作文，就能迫使他们揭露真实的情况而不虚构任何情节。但是，不要总是由教师指示学生这样做，而是孩子们逐渐习惯于依靠事实和现实，这不但能够让他们客观地看待各种情况，而且能够让他们辨别出任何虚假之处。换句话说，对于那些辨别能力很强的人来说，虚假和半虚假是显而易见的。而那些看问题主观的人就会成为大众媒体上有偏见的新闻报道的牺牲品，更不用说他们会被精通心理学的人所设计出来的广告欺骗了。鲁道夫·斯坦纳热切地主张教师们要"有勇气说真话"，这项教导也要通过教学法本身的实施而传递给孩子们。
>
> （斯坦纳《做适合人的教育》）

这段话在今天听来可谓振聋发聩。

长久坐在电视机、电脑跟前的孩子不是真实的孩子。他们的眼睛还没有来得及看清世界，他们的双臂还没有来得及拥抱世界，他们的脚跟还没有来得及在世界站稳——他们就被虚拟世界那精彩刺激的电子讯号给吞噬了。他们睡在梦中无力苏醒。真实的生活对于他们，就是一场无力应对、只想躲避的坚硬的噩梦。

在今天，作文教学的重大意义在于：帮助孩子睁开眼睛看清世界，伸开双臂拥抱世界，从而能够在真实的世界站稳脚跟、迈开步伐，从而成为有定力、能辨别、健康质朴的一代人。

这就超出了语文的范围。

这是比培养几个"小作家"重要一万倍的事。

> 十三岁或十四岁以下的学生，不应当写所谓的"自由作文"。到了十三四岁这个年龄，学生们客观评价问题的能力已经足够强，能够把事实和虚构分开，能够防止把现实杜撰成谬误。把事实和幻想混为一谈的时期在九岁时已经结束，在此之前，孩子的内部世界和外部世界相互纠缠在一起，那时他是用纯主观的眼光来看待每一件事情。但是当他离青春期只有几年的时间，即当他十二岁的时候，他已经变得足够成熟，可以施展他的评判能力，可以和别人客观地讨论问题、交流思想，可以从各种观点出发来看待事物并进行争辩。
>
> （斯坦纳《做适合人的教育》）

像斯坦纳这样的观点是否会对天才造成压抑？当然不会！天才也需要训练如实叙述的基本功，正如自称用一生学习如何画得像个孩子的毕加索，先要用十年时间画得像个大师！

这样的观点是否不利于培养学生独立思考的能力？斯坦纳反复告诫人们：没有比过早唤醒孩子的判断力更坏的事情。当孩子还仰赖权威，当童心还在做梦，他所谓的判断，只能依据身体和感觉进行，这孩子将一生不会使用理智进行客观判断。

2012 年 8 月 27 日

模　仿

上回说到对于让一年级孩子写日记（包括"写话"）的忏悔。然而，在"回头再带"的第五个一年级，孩子自发掀起了仿写的"作诗运动"。

棉花糖是可以吃的白云，白云是不能吃的棉花糖。

蝌蚪是会游泳的黑豆，黑豆是不会游泳的蝌蚪。

皮球是能拍的胖子，胖子是不能拍的皮球。

花朵是不会说话的孩童，孩童是会说话的花朵。

这些都是小诗开头。它们的题目分别叫作《棉花糖和云》《蝌蚪与黑豆》《皮球和胖子》《花朵与孩童》。《花朵与孩童》的作者是山西大同一位名叫"我是笨狼"的母亲。童诗的魅力如此之大！以致可以在论坛上引得众多教师、父母纷纷"下水"。

"我是小诗人！""我也会写诗了！"

在一年级，在写日记之前，孩子先有了这样的自信。这里有不知天高地厚的豪气，也有连接自我的踏实！这其实是童诗、童谣在童心深处引起的自然共鸣。我们正生活在一个儿童不宜的时代，我们正在与电视、网游、商人打一场前景堪忧的儿童争夺战。除了竭尽全力让孩子觉得真实的生活与学习不乏温暖、幸福与快乐，我们有什么办法取胜，夺回我们的心肝宝贝？

这也是看云坚决反对儿童读"经"的原因。"经"与现实生活、童心体验隔绝。儿童读"经"和网络游戏一样，让孩子成为无根和不真实的人。

儿童习作要从仿写开始。

童诗和儿童文学做了他们亲切的范本、可靠的扶手。

模仿—权威—独立，这也是孩子学习写作必须经历的三个阶段。教师有意识地按照这样的顺序牵引孩子，就可以让班上每一个（至少是绝大多数）孩子习得朴实可靠的书面表达能力。作文教学不是为了培养文学天才，天才远不是教师能够培养的。

写作将个人情感、思想转化（物化）为可以阅读、交流的文字，使得个人感情、思想能够进入公共领域，获得理解、发生影响。这是现代人参与社会生活的基本能力，这也是一项高难度的智力活动。对于儿童来说，习作之初必须有贴近生活、贴近童心的范本，必须有携带了同情与挚爱的手把手的指导！如此这般，发生在7—14岁的"学写"，顺带也满足了孩子对爱的渴望、对权威的仰赖。这样，随写作能力同时长进孩子体内的，还有对爱的体验以及对权威力量的汲取。只有这种基本需要得到充分满足，"该独立的时候"孩子才能真正独立。否则，当青春期到来，孩子会在无意识叛逆心理的推动下，屈服于同龄人低俗的亚文化或者心甘情愿沦为黑帮小团体的喽啰。

扯远了，回到作文。接着说仿写。

还是在一年级，因为《阅读力测试》之《幻想家》，也因为寒假父母整本朗读的《吹牛大王历险记》，郭与然同学编织起题为《超级坦克》的幻想故事。

> 我在开飞机，突然有两只鸟撞到螺旋桨了，飞机

"昂——昂——昂"地报警，幸亏我早有准备，飞机里我放了一辆超级坦克。我把坦克拴上降落伞开着坦克飘下去了，不巧的是，下面是一个大湖。没关系，我用重炮向下打，湖水全部飞到空中，湖里的水一下全干了。水飞到空中，这时空中风很大，又把水吹到别的地方。下了一场大雨，那里的人们捡了很多鱼，而我安全着陆。

这段文字是父母根据孩子的口述发到网上的。

"水，因为岸的约束而优美地流成了河。"

教师欣慰地看到：由于优秀作品的榜样作用，仿写不仅没有压抑，反而为这个男孩的想象提供了释放的渠道、发展的方向。

一年级寒假，为了完成教师布置的亲子共读任务，家长们为孩子整本朗读《笨狼的故事》。反复形成成长的节奏，儿童发展需要反复。一学期过去，一些孩子开始自主阅读《笨狼的故事》。于是到了二年级，开始有孩子仿写《笨狼的故事》。对于这样的作品，老师自然是要激情朗诵、隆重表扬的！这就掀起又一股仿写的风潮，而"仿写的需要"又反过来带动全班自主重读《笨狼的故事》。一时间，二（2）班成了"笨狼之家"。以下是2011年9月最先贴出的两篇"笨狼故事"。

神奇的发电机

郭与然

听说森林镇黑熊的商店里新进了一种神奇的发电机，笨狼拿了自己攒的零花钱，叫上他的好朋友聪明兔，一起去买了一个回来。晚上趁笨狼妈妈熟睡时，他悄悄地在妈妈的牙洞里装上了。

这种发电机神奇在哪呢？原来啊，它可以装在人的嘴巴里，你说话速度一快，声音一大，发电机就开始发电，发的电可以通过身体传到电线里。

这不,今天又停电了,晚上整个森林镇漆黑一片。碰巧今天笨狼考试也考得不好,笨狼妈妈下班回来了,当她知道笨狼今天考试又考砸了以后,就开始劈头盖脸地给笨狼一顿臭骂。就在这时,神奇的事情发生了,只见家里所有的灯全都亮了起来,整个森林镇只有笨狼一家的灯是亮的。笨狼妈妈也不知怎么回事,看到镇子里的居民纷纷好奇地围过来,笨狼妈妈也不再发脾气了。

还有一次,笨狼妈妈和邻居在路上大声地聊天,突然大家发现原本关着的路灯闪起来,而且最近的几个灯随着笨狼妈妈的大笑声爆炸了,大家全都惊呆了。

从那以后,只要笨狼妈妈一大声说话,总会有奇怪的事情发生。如果你碰见笨狼妈妈,可千万别告诉她这个秘密。

笨狼当班长

吴轻飞

笨狼在森林学校上学已经有一段时间了,可是班上仍然没有一个班长。班主任眼镜蛇小姐心想,要选个班长了。

一天上课时,眼镜蛇小姐说:"今天我们来选举班长,觉得自己有能力当班长的举手。"有三个同学举起了手,一个是聪明兔,一个是棕小熊,还有一个是我们大家都喜爱的小笨狼。棕小熊第一个跑上讲台对大家说:"如果我当上了班长,大家可以到我爸爸的商店里拿东西吃,不过,就是同学们要听我的话。"同学们大叫起来:"不好,不好，这样的班长我们不喜欢。"棕小熊低着头走了下来。接下来聪明兔上到讲台，它说："如果我当了班长，大家有不会做的题目尽管找我，有事也可以找我帮忙，我会随叫随到的。""好，好，好，这样的班长我们喜欢。"眼镜蛇小姐说："那好，我们就选聪明兔当班长……""等一下，我还没有说。"大家一看是笨狼，"其实我也没什么好说的，嗯……其实我想说的是，如果大家选我当班长，长大了你就可以对你的宝宝说，我那时候比班长学习还好。"结果，笨狼以全票当选为班长。

笨狼当上班长以后啊，学习有大大的进步，对同学们也热情了，对老师也更加尊重了，眼镜蛇小姐看了不禁想到："这次选笨狼当班长还真没选错。"

"儿子嫌我嗓门大了！"郭与然母亲又惭愧又得意。

这些其实都是孩子真实生活的反映，是罩上童话外衣的记叙文。然而低年级孩子就喜欢这件"神奇斗篷"，这让他们觉得自己就是一个真正的作家。

儿童喜欢模仿，儿童喜欢跟风。在孩子多是独生子女的今天，"流行风潮"制造了一个属于儿童的能量圈，这种风潮所满足的是虚荣心，更是孩子只有在同龄人中间才能找到的归宿感。教师有责任满足并引导这股潮流，在儿童无意识的心理与教师有意识的工作之间建立起和谐共振。

我高度认同斯坦纳的观点：站在自主阅读能力背后作为支撑的，是思维能力。当孩子思维能力还很稚嫩甚至还没有萌芽的时候，绝对不能拔苗助长。父母、教师要勤于为孩子讲故事、说书。听就是读。讲述或朗读把白纸黑字转化为亲切、仁慈且携带感悟力的声音，以此"喂养"孩子的耳朵、思维和情感。这样形成的自主阅读能力温暖而可靠。这样"按时节慢慢长实"的思维能力就是浸透情感、生机勃勃的——而不是以侵夺情感、意志的发展为代价而换来的单向的、畸形的智力发展。

　　自主阅读能力的培养需要大量的聆听。同理，书面表达能力的培养需要充分讲述、充分讨论。这是下一讲的内容。

2012 年 8 月 28 日

指 导

正如身体需要充足、健康的物质食品，灵魂也需要充足、健康的阅读滋养。教师的任务就是知道好书是什么，好书在哪里，千方百计把好书送到孩子面前。为此，教师努力实现阅读课程化，建立班级公用图书制，倡导亲子共读——为孩子写作提供亲切的环境、丰富的营养、模仿的范本。宽泛地说，这些其实都是习作指导。

"写作是不容易的事。写好文章的前提有两个：一是大量、高品位的阅读，二是丰富、有情趣的生活。"二年级上学期开学之初，教师在给家长的第 46 封信中如是说。教师不指望所有家长都能跟进，但是"这样的信"一定能让多数孩子得到帮助。于是，学生日记充满书香气息和天伦之乐，于是包括家长在内的整个班风就不一样了。这比"作文水平"更重要。教师谋求的是孩子的幸福。"那最好的东西不会独自来，她会带了所有的一起来。"

做 手 影

奚悦扬

这两天都在停电，晚上，爸爸点起了一根红色蜡烛，闪着粉红色的烛光，非常好看！我说："妈妈，我们来玩手影游戏好吗？"妈妈说："好的。"我在墙上变了一匹狼，我嚎了一声，妈妈说："真像是笨狼在叫啊！"妈妈立刻变成了一只恐龙，我快速地变成了一只霸王龙，妈妈看到了霸王龙就变成了翼龙飞走了。

这时，我想起了《小鹰学飞》这篇课文。我说："妈妈，我们来模仿《小鹰学飞》的情景好吗？"妈妈说："可以啊！"妈妈是老鹰，我是小鹰宝宝。小鹰开始跟着妈妈学飞行了。小鹰飞过了一片森林，飞过了高山的上空，飞上了云层。小鹰对妈妈说："我飞得怎么样？"妈妈说："飞得很好！"她指了指上空，"这是你的爸爸在迎接你呀！"小鹰听了很开心，她就展开翅膀向上飞去。小鹰和妈妈拥抱在一起，那是我们庆祝小鹰会飞行了！其实，是我和妈妈的手握到一起了。

虽然停电，但是我们依然玩得很开心！

小菠菜的故事（2）

汪博涵

星期天到了，又要写日记了，小菠菜正躺在床上睡觉。突然，爸爸大声喊道："起床了！小菠菜！"小菠菜吓了一大跳！对爸爸说："知道了。"这时，小菠菜想到爸爸昨天晚上的故事还没有读，就对爸爸说："爸爸，你昨天晚上的故事好像没有读哟！"爸爸说："是吗？那我现在读吧！"读到第三个故事的时候，爸爸说："这个故事一定很伤感，我们来一段配乐朗诵吧！"说完，爸爸转身就去开CD机了。爸爸读的是《泰明死了》。读着读着爸爸就伤感起来，小菠菜听着听着眼圈就红了。故事读完了，《神秘园》的音乐还响着，小菠菜在音乐声中呆呆地坐着。

过了一会，小菠菜说："爸爸，我们听《穆桂英挂帅》吧！"（当时全班正在学唱这段京剧）爸爸说："好的。"小菠菜听着听着就唱了起来，唱着唱着就换唱词了。小菠菜唱道："我不种树谁种树，我不捡垃圾谁捡垃圾。"爸爸说："你怎么乱改唱词啊？"小菠菜笑嘻嘻地说："<u>我们的薛老师说，她要不教我们，她就会去种树</u>。"（看云确实这样说，这样想）爸爸说："那为什么又要说我不捡垃圾谁捡垃圾呢？"小菠菜说："薛老师种树是为了环境，那么我捡垃圾也是为了环境呗！"

小菠菜想："今天的日记就写今天早上发生的事吧！"

每个周一上午第一节语文课，孩子都期待教师点评日记。朗读之后，教师的表扬只集中于一点：就是日记里写到的班级生活中人所共见、人所共知的"好事情"。下划线者即是也。

"《笨狼的故事》读过吗？"

"读过，我还写过呢！"

"可是你们就没有想到做笨狼手影！"

"喜欢看《小小牛顿幼儿馆》里恐龙的故事吧？"

"喜欢！"

"可是你们也没有想到停电的时候玩恐龙手影的游戏！更想不到用手影游戏的方式改编《小鹰学飞》！"

"《泰明死了》是哪本书的内容？"

"《窗边的小豆豆》。爸爸给我读过。"

"可是，只有汪博涵爸爸想到用老师推荐的《神秘园》配乐朗诵。鼓掌！汪博涵，回去告诉爸爸，老师表扬他并请全班为他鼓掌！"

诸如此类的表扬很有煽动力！它周复一周地刺激学生，诱使他们留心班级生活，记录美好瞬间。回到家里，用类似手影游戏、配乐朗诵的方式和父母一起创造性地复述、演绎、延展班级生活中的"美好"。这样，发生在教室里的"好事情"，就成为清洁、滋养孩子全部生活（包括家庭生活）的源头活水，也营造出班级是一家、同学是兄弟姊妹的归宿感、一体感。

一是要记录生活中的真事，二是要尽量记录生活中的好事。

看云坚信：正是我看世界的眼光塑造了我的生活世界；我所全神贯注的事情将成为我生活的全部。

《小黑鱼》中小黑鱼独自流浪的日子里岂能不遇到黑暗、丑陋、恐怖的事情？然而定格在他眼里和心底的，只有"大海里到处都是神奇美丽的生命"！所以小黑鱼最终成为英雄。为什么能够这样？因为小黑鱼度过了一个光明、美丽、安全的童年。

这就需要教师成为儿童生活中幸福、美好的重要源泉，然后引导孩子发现这种美，从而记录、吸收这种美。

以上说的是日记。下面说说对于教材中说话、写话作业的处理。

二年级下学期《会走路的树》的课后有续写故事的作业。

"你们说说该怎么写。"

集体讨论中最先发言的总是文思比较敏捷的孩子。你一句，我一句，教师从中穿针引线，不大一会儿，集体创作的范文就出来了。教师大声说三遍。学生第一遍听，第二遍在心里跟着说，第三遍张口学说。然后各自写。这个学期时间很长，所以就写了。照理是不写的。

下面是范文。下划线者为集体生活中的"共同事件"。

小鸟来到小驯鹿的家，一进门小驯鹿就大叫起来："爸爸！你看谁来了！"树丛里跃出一只大驯鹿。看见儿子角上的小鸟，大驯鹿笑起来："原来是老朋友！欢迎！欢迎！一年不见，你长得这么大，这么漂亮了！"小鸟激动地说："驯鹿伯伯，一年不见，您也变得威武雄壮了！去年春天，我还不会飞，谢谢您天天带着我在树林里玩，让我看到很多有趣的东西。"驯鹿爸爸说："一年中间，你一定去过很多地方，见到很多有趣的事吧？""是啊，我在遥远的南方，还见到拇指姑娘和花中的安琪儿呢！（课堂带孩子朗读过《拇指姑娘》）我到过中国，那里的孩子喜欢吟诵；我到过日本，那里的孩子喜欢唱《红蜻蜓》（六一节目），让我唱给你们听吧！"

就这样，三个好朋友一直聊到天黑。月亮升起来了，驯鹿家传来动听的歌声《友谊地久天长》。

交上来的习作大抵可以分为三类：大部分学生套用"模板"，对具体内容（也就是对话内容）做调整；小部分学生根据记忆复述范文；佼佼者则写出内容新颖的习作——他们往往是课堂讨论中最先发言的，也有课堂表现内向但提起笔来自有主张的。

点评时，教师重点表扬别出心裁的孩子。

这种讨论，既给足佼佼者表现的机会，也给足后进者慢慢跟上的时间。这样的讨论，没有限制自由，却使得"自由"因了讨论的启发或约束，得以避免胡说八道。

找地图

韦依池

"你说楼，我说楼，北京紫禁城角楼，云南昆明大观楼，湖北武昌黄鹤楼。你说阁，我说阁，江西南昌滕王阁，浙江宁波天一阁，山东蓬莱有仙阁……"

今天薛老师问谁在家看地图，找到儿歌《楼阁亭塔》那些地方了（因为教师要求本班每个孩子的书房或卧室里都贴有《中国地图》和《世界地图》），我们班只有黄昕茹举手，她找过。于是，老师奖励给她一个书签。我看到了，决定回家和妈妈一起找。

到了家我喊妈妈一起找，妈妈说："我们要先找到省，再找城市。"于是我们先找北京，我一眼就看到了，因为北京旁边有颗五角星。我除了找到首都北京以外，把楼阁亭塔所在每个省和每个市都找到了。最后我们又找了自己住的地方，妈妈叫我自己找，我也同意了，我按妈妈说的来找，找到了安徽省，然后又在安徽省里找到了合肥。我觉得我又会了一样本领，真是太高兴了。

由于教师的鼓励和表扬，本班孩子特别喜欢在日记中引用阅读过的书里的内容，"学以致用"是最好的激励。"引用法"让习作变得生动活泼、富于文采——最要紧的是帮助孩子很轻松地就把日记写长！这就大大激发了他们"日有所诵"的热情。

儿童诵读与儿童习作应当是形成良性循环的一个整体。

日记是提高习作水平的最重要的基地。

在引导学生对于生活之真与美"咬定青山不放松"的同时，教师也非常乐于看到学生日记写出教师视野之外的新鲜。这往往为同学打开一扇窗户，也给教师带来领悟。例如《月全食》让教师知道什么是斯坦纳所说的"浸透情感、生机勃勃的自然知识"。而《翻花绳》则令教师顿悟：适合儿童的传统文化教育应当是民间故事、民间童谣、传统戏剧、吟诵和对于今天儿童来说最重要的——传统游戏。

月 全 食

郭与然

一到天气晴朗的晚上，太阳哥哥和地球弟弟就开始玩"影子大战"的游戏：他们俩比赛谁先把自己的影子投到月亮妹妹那里，谁就赢了。每次都是太阳哥哥获胜。

2011年12月16日晚上11点左右，地球弟弟经过十年的磨炼，在太阳哥哥和月亮妹妹之间，找到一个绝佳的位置，让太阳哥哥、月亮妹妹和自己三点成一线，然后在最恰当的时间里出击，向月亮妹妹投上了自己满满的影子，这时，空中出现一道美丽的风景——月全食。

这一次，地球弟弟终于获胜了！

翻花绳

李想

你知道我们班现在流行玩什么吗？告诉你，我们班男生女生都在流行翻花绳呢。

下课的时候，我和郭恒祎一起玩翻花绳。我们先玩了单手翻，单手翻超级简单。为了增加难度，我们又玩了双手翻。双手翻的花样可真多呀！我先翻了个"面条"，她翻了个"牛眼睛"，我又翻了个"蜘蛛网"，她又翻了个"牛槽"……就这样不知不觉上课铃声响了起来，我一急绳子掉了，我输了。

我真希望下课时间能再长一些呀，这样我们就能玩得更开心了。

"小瓦片四方方，黄土地上画房房。"

"拉大锯，扯大锯，姥姥家唱大戏。"

和物种一样迅速消逝的传统游戏，是生命和大地血肉相连的纽带。沙包、弹弓、牌巴、斗鸡、爬树、陀螺、翻花、刻纸、挑棍儿、跳皮筋、跳房子、抓石子儿……真实的校园"文化"应当是活态的，融入儿童的奔逐、歌笑、热汗、呼吸。或许，我们可以借此抵御虚拟的网络对儿童生活的侵袭。

教师也要允许学生记录生活中的"另一面",这对教师改进工作、学生纾解心绪都有帮助。记叙文一直要写到六年级,不同年龄段有不同的指导重点。"紧贴生活发现美"是一以贯之的原则。三年级更需要落到实处。在此基础之上,大约四年级学生才有"闲心"欣赏生动优美的文句,五、六年级才可以进行选材和结构方面的讨论。

到时候看吧。学生会告诉我该怎么做。

2012 年 8 月 29 日

三年级

SAN NIANJI

"这下老师应该高兴了吧！"

"我们的校园很美丽。

"校园种了很多四季常绿的植物，主要有竹子、桂花和香樟。秋天到了，竹子更加苍翠，桂花飘出醉人的浓香，香樟树叶散发出淡淡的清香。

"一阵风吹过，落下很多香樟叶。正面深红，背面粉红；正面光滑油亮，背面像蒙了一层纱布。捡一片放在鼻子下面，就有一股微微的香气。又一阵风过，地上又落了一些叶子。树上还挂着不少快掉的红叶。在秋天，不光枫叶是红的，香樟树叶也会变红啊！昨天的叶子已经变暗、变硬，而前几天的叶子呢——"

老师从苹果篮里抓几片，轻轻一揉。

"哇！"在孩子的轻叫声中，枯叶的碎片"哗哗"坠落。

"为什么会这样？"

"天太干了！"

"是啊，天气太干了。已经整整一个月没下雨了。这些叶子从树头落下，就是为了给大树节省水分，保存大树的生命！这些叶子多好啊！就算过两天它干枯了，我也一样觉得它很美、很香！"老师一边说，一边轻轻转动攒成花样的那簇红叶。

"就是啊……"

"走在秋天的校园里，捡着美丽的香樟落叶，我的心一天比一天疼，也一天比一天急。我在急切地盼望，我盼什么？"

"盼望下雨!"

"昨天晚上,老天终于下雨了!夜里听着雨声,我觉得那是一支好听的歌。早晨走在校园,我真想放声唱一首歌!因为我喜爱的香樟树这次可以喝足水了。

"我爱我的校园。在这个秋雨绵绵的早晨,我觉得我的校园更葱绿、更美丽。"

老师口授两遍,学生复述范文。作文题为《校园秋景》。时间是星期二下午。而在此之前的一个星期里,老师每天都会带一簇香樟红叶进课堂,和孩子一起赏叶,一起心疼,一起祈雨。范文里的很多话,孩子多已耳熟能详。"捡树叶""玩树叶"成了孩子喜爱的课余活动。

"《校园秋景》,这是明天卷子上的作文题。"

孩子的倾听和复述何其专注!这样的考前辅导,效果不要太好!是否会有爱分如命的孩子回家写一遍呢?那也说不准哦。

今天上午测验,作文题目为《_____秋景》。

"这是半命题。可以写'校园秋景',也可以写'小区秋景''公园秋景''蜀山秋景'。"

多数同学写"校园秋景"。这是刘良宇同学《校园秋景》的后半部分:

> 到了星期二,下雨了。我在家里高兴地说:"这下老师应该高兴了吧?"
>
> 我到了学校,看到地上的香樟树叶变少了,我又高兴起来。我又说:"这下老师应该非常高兴了吧?"
>
> 啊!老师真的高兴得不得了!她说:"啊,天!你终于下雨了!"
>
> 上完课了,我高兴地回家了。我在路上说:"哦,校

园的秋景真美啊!"

枝叶关情。在这里,秋景不是观察、描摹的"对象",而是与孩子发生"生命连接"的亲人。

阅读测试题内容是《闻鸡起舞》,为此老师提前讲述本周故事,并且让孩子抄写"闻鸡起舞""报效国家""祖逖""刘琨"……至少在三年级,作文及有难度的试题,老师都这样做"考前辅导"。

约翰·霍顿说:"学习中,指出和订正错误几乎没用。"

为此,明智的做法或努力的方向应当是:一次性将正确内容拍到孩子脑子里,一次性写出成功的作文。这就需要教师在平时授课中以饱满的状态,将"正确知识"一次刻录到孩子心中,这就需要做考前指导!

成绩和能力是学出来的,而不是考出来的。面对很可能做错的题目,绞尽脑汁得到故而印象深刻的错误,只会让孩子离正确记忆更远,让订正效果可疑。面对可能考砸的卷子,更不需要差的成绩告诉孩子他很失败,这会令孩子离成功更远。

"考试是一种必然的坏事。"斯坦纳说。

舍不得考试。

三年级了,每次测验都要耗费两堂课。结结实实的两堂课!可以做多少有意义的实事啊!从三年级起,教师会尽力减少单元测试;非考不可的情况下,就做好考前辅导。斯坦纳说:"7至14岁的学习,以记忆为主。"

这就赋予考试这一"必然的坏事"以积极意义,如此测验就是被驾驭的学习手段,而不是悬在师生头顶的铁尺。至于无法指导的统考呢?你越想取得佳绩,你就越要在平时测验中多加指导。因为有指导、被关怀的答题过程和印象深、高正确率的测验结果,将变成可靠的能力一点点长到孩子内部；因为成功才是成功的母亲。

写这篇文字的时候，已是雨过天晴。阳光和煦，树色苍翠！更美更美的秋色中，耳边响起孩子无意识的呢喃："这下老师应该高兴了吧？"

亲爱的孩子啊，老师非常高兴！

2012 年 10 月 17 日

小 黄 橘

"这是一个可爱的小黄橘。头顶正上方有一根绿色的小柄,好像一条小辫子;肚皮正下方有一个小小的蒂印,好像小肚脐!小黄橘扁圆扁圆的,摸起来挺光滑,金灿灿的黄色表示它已经成熟。成熟的小黄橘有一个梦想,就是有人吃了它的肉,吐出它的籽儿——来年长成一棵小橘树。"

"现在,我来帮助小黄橘实现梦想!我从底部开始剥皮。哦,好软、好薄的皮啊,这意味着橘肉一定很甜!啧啧!橘皮好香!我知道橘皮可以泡茶清火。终于,我把皮全部剥掉了。看,一瓣瓣橘肉紧紧抱成一个小球,又像是一盏小灯笼。剥下一瓣,月牙形,软软的、凉凉的,橙色说明味道一定很甜!我来尝一瓣……"

"啊!"讲台下面一片惊叫,"老师你真的吃啊?!"

"当然,我讲得这么好,当然应该吃。嗯……"老师一边吃,一边点头赞叹,"果然很甜!一点都不酸!"

"我也要!""我也要!"众多小手直直伸向讲台。

"广东汕尾有一个风俗,就是结婚办喜事的时候,男方一定要送给女方一些橘子。表示大吉大利的意思!"

"嗨!"孩子们咽着口水叹息。

"我再说一遍,复述得好的,就奖励一瓣橘子。"

变魔术似的,老师又掏出一个小黄橘,几乎和刚才那个一模一样的小黄橘。提在手里,跟刚才一样,老师一边操作一边缓慢讲述:

"这是一个可爱的小黄橘，头顶上方有一根绿色的柄，就像是小辫子；肚皮下方有一个小小的蒂印，好像小肚脐。小黄橘扁圆扁圆的，摸起来很光滑，金灿灿的黄色表示它虽然小，可是已经成熟。成熟的小黄橘有一个梦想……"

几乎异口同声！从第一句开始，就是全班几乎异口同声的齐说。所以能够如此，一个重要原因是，上课之前老师已经在黑板上写好了如下所示的提示语：

小 黄 橘

一、柄蒂　　扁圆　　光滑　　梦想

二、剥　　软　　薄　　一瓣一瓣　　橙色　　月牙

三、广东汕尾　　结婚　　大吉大利

"哇，你们都讲得这么好，该奖励谁吃呢？"

兀自嚼着第二个橘子的一瓣，老师问。孩子们面面相觑。

"写。下课之前写完，并且写得好的，就吃一瓣！"

之后的情形大家可以想见。奋笔疾书啊，一边写一边垂涎着讲台上剥开的橘子。橘香飘溢的教室里，学习氛围很浓。

"老师，我写好了。"一个声音轻轻说。

"张开嘴。"看过作文，递过一瓣。孩子边吃边耳语似的说："谢谢老师！""吃好写家庭作业。""哎！"

很快，两个橘子——近二十瓣橘肉就消融在如此这般的亲热耳语中了。

"王宇翔！到办公室去，请李老师再给你两个橘子。"

很快这两个橘子也吃光了。

"老师，我刚才看见你那儿橘子还有好几个！"

"好几个也不行！没看见老师已经来不及剥了吗？"

吃过橘子的孩子耸耸肩，撇撇嘴。

下课铃声响起的时候，全班64个孩子，只有两个孩子没有写完。

反复。对儿童来说，反复是认知的需要，也是情感的需要。苹果、香蕉、石榴、葡萄……在中低年级，这样的水果课可以用稳定不变的模式反复上。其意义，不仅在于教给孩子"介绍水果的基本章法"。

2012年10月25日

真正的品质

一

"阶级意识"建立在过度关心生活的经济现实的基础上。据斯坦纳说，工人们错误地相信，经济过程对他有利的转变会自动赋予他作为个人的权利。于是，精神生活和权利生活是从经济条款中看到的。它们仅仅是牢固的经济现实背景下的幻想而已，而经济现实则是由技术和资本主义所导致的。斯坦纳宣称，由于缺少精神和心灵，生活和经济过程不可能以某种方式奇迹般产生其真正的品质。更确切地说，必须注意到人的精神上的向往和志向，尽管它们可能仅是隐约可辨的。只有以这种方式他才能找到三重社会的各种问题的解决方法。

（斯坦纳《做适合人的教育》）

这一段曾令看云、小安一再感叹！当时，因为正在朗读的《地海彼岸》，我们热情澎湃地加入格得和亚刃的讨论：是什么让染布失去了光泽，歌声减少了情感，龙族忘记了语言……

这几天，又一次重读《做适合人的教育》。所谓"又一次"，是一章或一节先朗读，再默读。勾勾画画的重点标记或三言两语的感悟心得，完成于再读。"几乎每一行都值得画啊。没有这么实在、这么实用的教育书籍了！几乎没有一句话是空洞和不可以落到实践中的！"办公室里，看云一再这样大声感叹。

特意引用开头这一段，是想表达对作为哲学家、社会学家的斯坦纳的敬意。斯坦纳一直强调"培养完整的人"；在斯坦纳那里，对于社会问题的洞见和对于教育问题的解答，也是融通完整的。故此，以上关于工人运动的批评，可以引申出这样的教育联想：

在一个高度物质化、数字化的现代社会里，成人世界对金钱、权利的贪婪，必然且自动地转化为对知识和分数的贪婪。人们信奉"知识就是力量""知识改变命运"——然而科学知识的力量只能作用于物质世界，而分数也只在计较分数的"那个地方"有价值，一旦进入真实的生活、广阔的世界，人们将发现：情况并非如此！毕竟人是精神和心灵的存在。

1977年恢复高考以来，大学生、中学生、小学生、幼儿园小朋友，甚至尚在母腹的胎儿——"人的大脑"所接受的知识不知增加了多少倍，然而千千万万个人和家庭付出巨大财力、心血获得的知识和技能，并没有提升社会整体素质、公民幸福感。关于这一点的最好证明，就是人们对于社会公平、食品安全的普遍忧惧。

"由于缺少精神和心灵，生活和经济过程不可能以某种方式奇迹般产生其真正的品质。"——无论钢铁性格的管理条例多么严格。同理，在缺少精神和心灵的课堂上，教学不可能以某种方式奇迹般产生真正的品质——无论教师拥有多么高超的技巧，也无论孩子获得了多么完备的知识。

现代人类擅长利用大脑学习"头的知识"。耗费余生，我们也未必能将部分"头的知识"转化为"心的知识"——落实为真挚、理性的行动。而那才是真正的智慧，人的尊严所在。

二

石头汤终于煮好了。村子里的人把一张张桌子拼在一起，从路的这一头一直延伸到那一头。全村的人围坐在一起，他们每个人的脸上都绽放出灿烂的笑容。在村里人的记忆中，似乎从来都没有过这样快乐温馨的聚会，他们此时享用的是人间最美的汤。

这是《石头汤》。因为朗读，因为教师指导下的朗读，热气腾腾的那一大锅石头汤，实实在在香暖饱实了孩子的嘴、孩子的胃！看云基本不会画画儿，这节课，看云在黑板中央画了几乎顶天立地的一口大锅，热气腾腾！香味弥漫！两边是一排又一排的桌椅。"从路的这一头一直延伸到那一头。"当简单粗犷、力道十足的线条画布满了整个黑板，快乐也充满了整间教室！半圆的大锅、曲线的热气、直线的桌椅，像是粗率热诚的邀请，令他们全体置身于那场露天的狂欢和聚餐。

"哇！好好吃！好开心哦！"

"你们从前这么开心过吗？"

"没有！"

"你们应该感谢谁？"

"感谢三个外来人！感谢好喝的石头汤！"

《石头汤》给上一届二年级孩子们讲过，今天"这一锅""石头汤"带给孩子的，是更加沉实的快乐和收获。因为我们朗读了，因为我们更加踏实了。

把感受融入讲述的声音。老老实实讲故事，老老实实带着孩子读故事。这一届看云不再热衷于组织讨论，这一届看云理直气壮地期待自己能够成为满足孩子的"单一来源"。即便是自主阅读，孩子也是接受到教师直接或间接的指导，笼罩于教师强力影响之下的。斯坦纳告诉我们：这样才是对这个阶段孩子真实需要的真实满足。因为教师的职责是作为解说员、保护者站在世界和孩子之间，因为通过教师告知而得到的东西比起自己读到的更温暖、更丰富、更有力量——借此，孩子得到的不仅是知识，还有在这个世界有依靠的安全感。

没有比过早唤醒孩子的理性思维更坏的事情了，这会让孩子变得封闭、自大，让人间充满狂妄、戾气。何况，"过早唤醒"的孩子将不可能获得真正独立思考的能力：这个年龄段的孩子只能依据感情判断，他们将一生只会凭借感情而判断。

  处于中年级的儿童，在寻找理解世界方面不是依靠以概念形式来领会各种事实，而是通过和其他人交往，从别人那里进行学习。概念存在于严格限定的界限之内，必然有局限性，偏重于量化而非品质方面。另一方面，人的个性是一种品质化的表述，强调情感，而这正是此阶段孩子所渴望的。换句话说，教师所提供的生动的艺术教学构成了权威的基础，此时孩子的需要是从单一来源获得满足。

  当孩子七岁、八岁、九岁时，老师享有更为自然的、不受挑战的权威，特别是当他牢固地树立外部世界讲解者的地位的话。

（斯坦纳《做适合人的教育》）

三

"老师干吗擦掉啊？"

"村民回家睡觉了，我们要讲下面的内容了。"

"老师老师，这边还有一个板凳没有收回去。""这边也有一个。"

"呵呵……"

老师再次板书:"小黑板的自述。"

"'×××的自述',是这个单元的习作题目,可以写一个玩具,也可以写一个文具、一件工艺品。昨天晚上,老师在家找出很多工艺品,可是想来想去,老师决定还是不带那些东西来,因为那些东西对你们来说是陌生的、没有感情的;因为那些东西一直得到很好的保管,太新太漂亮了。经过认真思考,老师郑重带来,郑重教给你们的是——"

"小黑板的自述。"下面的气氛还是有些浮动——石头汤的味道还在萦绕。当老师表情严肃地把墙角边的小黑板请到台上时,他们竟笑了起来。

"我是一块普通得不能再普通的小黑板。我又轻、又薄、又旧,一个一年级的孩子就能轻松地拎起我到处跑。我是合肥市第六十二中学三(2)班的小黑板,从一年级开始,我已经在这个班默默生活两年多了……"全神贯注端详着手中的小黑板,老师的声音充满感情。下面渐渐变得沉静——有一种感情升上来了。

"同学们,小黑板在对你们说话呢。两年多过去,这是她第一次对你们说话。想一想:这样小、这样轻、这样旧的一块小黑板,当她开口说话,声音是大还是小?"

"小。"

"所以,你们注意听哦。"老师的声音更轻更柔,"真的很对不起你啊,小黑板。你为我们服务这么久,到今天我才注意看看你的样子!"静默中,老师对着小黑板定睛看了好几秒,然后拿起尺子,一边量一边从头说起。

"我是一块普通得不能再普通的小黑板。我又轻、又薄、又旧,一个一年级的孩子就能轻松地拎起我来。我是合肥市第六十二中学三(2)班的小黑板,从一年级起,我已经在这个班默默生活了两年多了。

"我长83厘米,高60厘米。我的两面上端都钉着一根木条,为的是能够挂起来。因为用的时间太长了，一根木条已经掉了，剩下的一根也有些晃动了。因为用的时间太长，我身上的黑漆已经被磨掉不少，好些地方都露出了木头。我很小，我小小的面积刚刚够写一首古诗！两年多来，每个星期，老师就会在我身上抄一首古诗教同学们吟诵。啊！我和三（2）班的同学们一样热爱吟诵！在我的生活中，最快乐的时光就是——"

"每天早读，听同学们吟诵。"孩子们扬起手来，因为老师把写着字儿的一面转过来朝向他们：

蓬头稚子学垂纶，
侧坐莓苔草映身。
路人借问遥招手，
怕得鱼惊不应人。

"听啊，这是同学们在吟诵这个星期学的《小儿垂钓》呢！每天早晨，当我被高高挂起的时候，我觉得自己比世界上最出名的明星还漂亮、还有光彩！因为所有的同学都在看我，都在按照我身上的文字和符号歌唱、舞蹈，因为同学们每天的学习是从我这儿开始的！

"吟诵结束了，我安安静静地站在墙角，安安静静地听同学们读书。下课了，我站在墙角安安静静地看同学们玩耍。我熟悉这间教室里的每一个老师，我了解这个班的每一个同学。两年多过去，同学们吟诵的每一首诗都刻在我的心里，虽然我唱不出来；同学和老师的样子也映在我的心里，虽然我说不出来。可是我好爱你们——你们爱我吗？"

"我们爱你啊！小黑板！"

再说一遍。孩子复述。鼓励"贡献新的细节、新的场景"。

下午当堂写作《×××的自述》。不必特地带来玩具或工艺品，让孩子就从书包里挑选"一位有感情的学习伙伴"写。

外形　　作用　　心愿

这是第二遍讲述之前的板书。这里当然有写作方法的指导！然而写作方法是带了真挚的情感和真实的生活一起进入课堂的。教师更期待的，是通过这样的习作，引导孩子关心身边平凡、老旧的事物，培养忠诚、沉静、感恩的心性。小黑板当然不如玩具、工艺品来得炫——但这里有真正的品质。况且，能够沉心从《小黑板的自述》吸收营养的孩子，面对炫的物件儿，也必定不会写得逊色。

一个班的儿童就是一个社会单元，一个微型社区，带有它自身的独特性，以及由师生互动而形成的独特性。

教师应当用全部时间把教材和人联系起来，这种教学方法几乎足够保证提起学生的兴趣；当事情与人有关时最容易激发起孩子的情感，这样就会产生积极的教学效果。不用说，在引导孩子的感情和思想是向善还是向恶方面，教师责任重大。孩子必须受到教育，他们的自由因此受到影响，教师的责任就是把这种负面影响降低到最低限度。

（斯坦纳《做适合人的教育》）

四

语文书的自述

许梦凡

我是一本普通的语文书。我的书皮是五颜六色的，我的里面也是五颜六色的。我还有一个书夹，是紫色的。我是长方形的，我的长是24厘米5毫米，宽是17厘米8毫米。

我是六十二中学三年级小朋友用的，我的小主人是许梦凡。我里面的学问可多了。有课文《让我们荡起双桨》《学会查无字词典》《古诗两首》等，还有古诗、词串、名言、成语、习字和习作……我的学问多吗？

我喜欢小朋友用我。当六十四个小朋友一起读我和看我的时候，我非常开心！

水彩笔的自述

王曼林

我是一盒漂亮的水彩笔。我又像文具盒又像抽屉。我的外形像一个文具盒，为什么我像抽屉呢？因为我的上面有一个纽扣，打开纽扣就像一个抽屉，可以拉进去也可以拉出来。

我有两个家，一个家是在主人家里的书柜里，还有一个家是主人的大书包里面。我长18厘米，宽8厘米。我的背后有一些印子，那是经常拉进拉出搞的，可是我一点不怪主人，因为我知道拉得多表示主人用我多，就是爱我。

拉开的时候，里面有非常多的水彩笔，有红的、黄的、蓝的、绿的……我觉得黑色特别可怜，因为黑色用得最多，可别人都不喜欢它。

我爱我的主人。

小书包的自述

王宇翔

我是一个普通得不能再普通的书包，我的小主人是王宇翔。

我的外形是长方形的，我头顶上有一条带子，带子下面有一团毛毛的小棉花，肚子上有图，上面画着一只小白兔拿了3个小气球，小白兔的脚下有城堡和小河。

我的肚子里可以装书，旁边有两个小口袋。小主人有时候把水瓶小兄弟放到我旁边的小口袋里。

我最喜欢小主人带我去上学,再把我放在小凳子边上,那时我就觉得很温暖、很开心。有时,我小主人那些同学就老从我旁边过去,而且不小心会踩我,但我还是喜欢我的小主人,还是喜欢去上学。

新华字典的自述

杨羽西

我的名字叫"新华字典"。我是杨羽西小朋友经常用到的一本字典。我的封面上有着"新华字典第10版"这几个字,而且,我还是"单色版"的哦。

我的用处可大了。每天小主人都会把我装进她的小书包里,带着我一起去学校上学。只要小主人碰到了不会写或不知道这个字的时候,我就是她的好帮手了。每当上语文课的时候,我最开心了,因为我终于可以出来透透气,并且帮助小主人认识新字了。

我有一肚子的话想对小主人说,只可惜我不会说话。如果可以的话,我会用人类的语言对小主人说:"你喜欢我吗?可千万不要让我一个人在家睡懒觉哦!"

下午的习作当堂完成。到下课的时候,没有写完的只有两个。很多学生都在开头和结尾分别用到"普通得不能再普通"和"如果我能说话,我就要对小主人说"这样的话。前者来自老师的口述范文,后者来自贾尼·罗大里的《北极有棵芳香的紫罗兰》。孩子就是孩子,最能触动他们的,总是那些小弱然而顽强、美好的生命。

2012 年 11 月 27 日

最好和最高尚的事情

一

所谓的"游戏之道"对孩子的本性来说是可悲的和毫无价值的。这并不意味着对孩子来说学习不应当是一种富有乐趣的经历。斯坦纳说，学习应当是一种更高级的、人类的享乐，而不仅仅是"动物的享乐"……稍不注意，教学质量就会由这个水平滑落下去，成为低劣、平庸、浅薄和享乐主义的。依靠精巧的玩具和用于教学目的的人为设计的游戏在学校里没有作用。斯坦纳宣称，那种把"学习即游戏"当作最佳教育原则的做法只能导致什么都学不到的结果。很多的学习都需要付出辛劳，而且在获取知识的过程中，最好和最高尚的事情莫过于虽然感到困难，但值得努力去掌握。涉及游戏的教学方法有一种固有的危险，就是它会给孩子们造成一种印象，即生活不过是一场或多或少的游戏，总有一天他们会发现情况并非如此。

（斯坦纳《做适合人的教育》）

第七单元习作题为"摆弄玩具编故事"。范文《找"饿"》内容为：熊猫宝宝厌食，熊猫妈妈带他翻山越岭走了又走，筋疲力尽的那一刻，熊猫宝宝找到了食欲也即"饿的感觉"。教材所配图片为一大一小两只绒毛玩具。

"三年级!"老师大力板书"三年级!"不满地说,"都三年级了!作文还要玩具帮忙!这算什么事!这还让不让人进步?"

"就是!"

"我们要不要?"

"不要!"他们感觉自己无往不胜,因为他们跟随的是一位无往不胜的将军!

"只对玩具感兴趣,这是幼儿园小朋友的感情;摆弄玩具才能编出故事,这是幼儿园小朋友的水准。作为三年级的小学生,我们——"全体学生随老师一齐挺直身板,"我们能看见普通物件放出的光彩!我们能听见普通物件讲述的故事!对不对?"

"对!"

刚刚写过《×××的自述》,他们的信心其来有自。

二

斯坦纳认为应当极力避免这样的做法,即教师事先并未把某件事情的细节告诉孩子们以便让他们对题材有充分的了解,就让他们针对这件事情写作文。教师作为孩子们心目中的权威,应当首先把要求孩子们写作的题目进行讲述,而孩子们则应当在老师所讲内容的影响下进行写作。这个原则应当保持到孩子的青春期为止。他们不应当只是把所发生的事情写下来,而是要感觉到,通过和教师针对题目进行的讨论,他们的某种情绪被唤起,而且在写作过程中一直保持这种情绪。

(斯坦纳《做适合人的教育》)

有关写作方法的说明几乎完全无用！三年级孩子需要的，是能够开启他们思维的具体鲜活的例子。打开绿色手提袋，掏出两本图画书。

"《龙年的礼物》！我家有！""哇，《蛇年的礼物》！""好漂亮的小蛇哦！"

"2012年12月10日，就是今天！三（2）班教室，就是这里！神龙和小蛇相遇了，就是他和他！听，他们在说话呢——"

孩子们凝神谛听，完全忘记了这是"例文"。

"神龙见了小蛇恭敬施礼，小蛇连称不敢！大龙说：'你知道吗？蛇是龙的祖先呢！蛇修行500年成为蛟，蛟修行1000年成为龙，龙要再修行500年，才能成为头上长角的神龙！你说我该不该拜你？'"

神龙与小蛇

蛇	500年	蛟
蛟	1000年	龙
龙	500年	神龙

"哦！2000年！"板书令孩子称叹。崇敬的目光一齐投向小蛇。

"'可是，'小蛇谦虚地说，'可是并不是所有蛇都能成为龙呀，想要成为神龙就得——'你们说！就得怎样？"

"就得修行2000年！""乐善好施！"

"神龙笑了，说：'你一定会成功的！'神龙为什么这么说？"

"小蛇很谦虚，很有耐性！"

"神龙又说：'已经12月了，龙年就要过去，蛇年就要来到。在新的一年里，你可要好好保佑大家，尤其是三（2）班的同学！他们个个都是善良好学的好孩子哦！'小蛇抬起头来清脆地回答：'放心吧！我会用我全部的智慧和力量来保佑他们的！'"

掌声，笑声。

"你们没有什么要说的吗？"

"谢谢大龙和小蛇！"

三

"这又是一个和蛇有关的故事。"没有时间也没必要复述。老师接着讲，"《苹果篮里的新客人》。"

"这是可爱的苹果篮，这是——"

"三（2）班小蛇的家。"

"苹果篮里有绿色的橘枝，枯萎的香樟叶，还有干卷的橘皮，小黄橘呢？"

"小黄橘被老师和同学吃了！""小黄橘变作文了！"

"有一天，来了几个新朋友，它们颜色深红，形如桃子，而且有股药味儿。"老师举起几片异样的枯叶，"'你们是谁呀？你们从哪儿来？'橘枝、橘皮、香樟树叶还有小蛇一起好奇地问。'我叫乌桕树叶，从遥远的河南新乡来。'"

板书"乌桕"。老师接着说："10月底的一个清晨，看云老师在河南师范大学校园散步，从地上把我们捡起，因为看云老师从来没有见过我们。后来看云老师就给老师们讲课了，哪个老师表现好，看云老师就奖给那位老师一片乌桕树叶！那些老师都好喜欢、好珍惜这样的奖品！我们是没有发完的树叶。看云老师舍不得扔掉，我们就跟看云老师坐飞机到这里来了！你们欢迎我住进苹果篮吗？"

"欢迎！"孩子们越俎代庖地回答。

"从此，乌桕树叶过上了幸福的生活！"

四

"天黑以后,教室里热闹非凡:小黑板吟诵,大黑板唱歌,扫帚跳舞,抹布变魔术……具体吟什么、唱什么、跳什么、变什么,你们可以尽情想象!门卫师傅吃惊地说:'怎么回事儿?我记得教室的灯都关上了呀!'"

"呵呵……"

"这是'教室里的联欢',是对《小意达的花儿》的仿写。"

"嗯,是的。"学生点头,他们读过。

"……粉笔对黑板说:'哥哥啊,你为什么要难过呢?想想我们一起度过多少快乐时光!就算黑板擦干净了,你也不会忘记我写在你心里的那些字;就算我被丢了,我也不会忘记老师拿着我写字,同学们看着我学习的幸福。我并没有消失,我们也永远不会分开,因为我们的生命已经融入孩子们的成长和进步。'这是'粉笔和黑板'的故事,这里有对哪一篇的仿写?"

"《一片叶子落下来》。"

"下午写作文!放学路上以及中午在家好好想想写什么、怎么写。当然,也可以找出心爱的玩具,摆弄玩具编故事!"

放学了,孩子雀跃而去。大约没有几个人会"好好想想",然而中午这段时间的沉淀、发酵——重要且必须。

在看云这里,教师的写前指导与学生的动笔习作绝少连在一起,总是隔着一夜或一个中午。

五

下午,孩子拿到本子就写。

《帮猫咪找妈妈》《拔河》《赛车游行》《爬山比赛》……这些是玩具

故事;也有将"老师的故事"记录成文的。孩子写得最多的竟是"争论"!七岁八岁狗也嫌啊,毕竟正当吵闹的年龄!这样的投射或者呼出,是再自然不过的事情。然而他们吵得好有品质!藏在争吵背后的,是对书籍、友爱、秩序、权威的尊重和渴望;沉在争吵河底的,是写出如此争吵的安静、干净的心。一些弟子已经得到"先声夺人"的真传。竟然一点不劳老师举例!

书柜里的争吵

曹可欣

书柜里发生了激烈的争吵。它们在比赛谁的内容最好。

《神马》大声说:"我的内容最好,小朋友只要看了我,都会哗啦哗啦流眼泪的!"《父与子》说:"胡说!我的漫画最好玩儿,小朋友看了我,都会开怀大笑的!"《阿拉丁与神灯》也不服气地说:"我的内容最神秘!"《薛老师讲中国故事》也说:"哼!我才是最好的!薛老师出的书,永远都是最好的!"

这时《一片叶子落下来》建议说:"我们投票决定吧!"其他的书都表示同意。最后选中了《薛老师讲中国故事》和《风之王》。它们俩高兴极了!

墙与世界地图的争吵

刘瑞

有一天,墙对世界地图自豪地说:"看你这么单薄、这么小,我多么强大呀!同学们不太用力就能把你的生命给结束了,而我呢,再怎么大力气的人,也不能伤害到我。"

世界地图不服气地说:"老师上课的时候还经常用到

我来指地方呢，再说，我哪里被同学欺负过了？"说着说着，他们两个就吵起来。

他们的话被黑板听到了。黑板说："好了，你们不要再吵了，你们都有自己的本领。"黑板对墙说："你不该这样骄傲，如果遇上坏孩子，他会在你身上乱画的。"黑板又对地图说："如果没有墙，你贴在哪里呢？"

他们都低下头说："对不起！"过了一些时候，他们成了好朋友。

赛车华佗

王浩

晚上到了，赛车族的长老开始发言了："我们一起开个联欢会吧！"于是赛车们就叫来很多好玩、好吃的东西，有一个叫作华佗的赛车说："不能吃太多性寒的食物，要不然啊会生病的。"一个地位很高的赛车说："我偏不信你的话！"叫华佗的赛车说："不信你就吃吃看。"

一个小时过去了，那个赛车果然肚子疼得厉害。"原来你就是车中的神医华佗！"那个赛车对华佗说，"我听说过你的故事。快……快些给我……吃紫舒草吧。"

"好。"华佗说。于是那个赛车的病就好了。

书包里的争吵

王苏苏

书包里的书都争吵起来。

语文书说："数学书，你干吗老是挤我！"数学书说："我前面的文具盒在挤我呢！要不是主人把我放在这里，我也不会在这里了。"

美术书说:"好啦好啦,你们就别吵啦!我们都很挤,但是我们可以忍一忍啊。"信息书说:"对呀对呀!"语文书气势汹汹地对美术书说:"忍,有本事你忍给我看看!"美术书哭了起来,说:"我……我这么温柔地对你说话,你居然用那种态度对待我,呜呜……"

语文书大声嚷道:"哭,哭,哭!就知道哭!"突然信息书说:"你们别吵了,我已经有办法了。"语文书和数学书急切地问:"快说!快说!""我们都很挤对吧?但是我们可以都站直站整齐,这样就不挤了。"

"这是一个好办法!"语文书说着,第一个站了起来。于是她们都站了起来。

从此以后,她们就过上了开心和睦的日子。

选队长

王宇翔

"我要当队长!""不,我是队长!"这是谁?原来是文具盒在选队长哦!

王林森的文具盒说:"你们肚子里的笔都没有我多!"吴尔印的文具盒说:"你装了多少支笔?"王林森的文具盒吹着牛说:"一百六十支笔!"王浩的文具盒跟吴尔印的文具盒一起气势汹汹地说:"不可能!你的肚子都比我们小,绝对不可能!"王宇翔的文具盒就说:"我有一个好办法!"王浩的文具盒说:"是什么?"王宇翔的文具盒说:"一起数数就清楚了!"王林森的文具盒说:"来吧!来吧!""一、二、三、四、五。"王宇翔的文具盒说:"你不是说有一百六十支吗?怎么是五支?"王林森心惊肉跳地说:"是……是你们不会数!"

突然,一个洪亮的声音响起来,一看,是薛老师的手提袋在说话:"我知道你们该选哪个当队长了!"大家一起说:"是谁?""是王浩的文具盒!""为什么?"薛老师的手提袋说:"只要看它的主人的学习就知道了!"大家都连忙点头说:"对!好!"

六

爱逃跑的本子
袁仲昕

一下课,我就把马上要用的书拿出来,我的书和本子老想逃跑,可是上课铃一响,我就把它们抓住了。第二次它们想和我比力气,可是它们的力气太小,我又一下子就把它们打倒,抓了回来。第三次它们已经逃走了,可是又被我找到了,狠狠放在书桌上。可是它们不灰心,一次、两次、三次……就这样,还是被我找到被我抓到了。这些小本子,好有恒心啊!

这篇《爱逃跑的本子》大约只有看云读得懂,更大约只有看云知道它的好!"爱逃跑的本子"的主人袁仲昕同学学习有些吃力,一年到头,这个弱弱的小男孩不仅要和功课上的重重困难战斗,还要受苦于自己的丢三落四。《爱逃跑的本子》正是这种奋争的写照。"好有恒心"的是本子,也是孩子自己。孩子对"爱逃跑的本子"毫无怨言,流淌在字里行间的宽容与善良,令人动容。

想起一次测试遇到的作文题:"我学写钢笔字"或"我学写毛笔字"。

"写字！都是仄声，好细好碎好尖锐的齿音！要怎样的细致和理性，才能把学写字的事情撰成作文！出这个题目的人，简直该打！"看云愤愤地说。要是在过去，看云就把这个题目"咔嚓"改掉了，然而这次没有，因为斯坦纳从不主张战斗。

"那你怎么办呢？"小安问。

"老办法，讨论！无论怎么促狭的题目，也架不住我们的讨论！"

"说说你写钢笔字遇到的糗事。"

拿到就写却写不出字，发现需要上墨囊；上墨囊时，一不小心就弄得满手是墨；正面写吐水，反面写不出水；轻轻一摔，笔尖就跌开叉了；写错了擦不掉，作业本上不是墨团就是小洞；从前有咬铅笔的习惯，现在用钢笔了，一不小心就变成"蓝嘴怪"……

糗事很快凑成足够的篇幅，加上老师关于捉笔姿势、写字坐姿的要求——孩子高兴地说："明天作文好简单！"

接着讨论"学写毛笔字"。没有人举手，老师请"书法家"康玟君上台，讨论就在师生二人之间进行。这是一份殊荣！其他同学看得很过瘾。

"你学的什么体？"

"颜真卿，颜体。"

"记得第一次学写毛笔字的事情吗？"

"记得。幼儿园上大班的时候，有一天妈妈说：'康玟君，我带你去学书法吧！'我就去书法老师家了。"

"哇！幼儿园……"下面一片惊呼。"好像早了点，"老师评论，"但是很好玩儿！接着说。"

"我们到了老师家。老师姓刘，叫……"

"叫什么？"老师问，其实不太愿意听见孩子对老师直呼其名。

"老师就叫刘老师！刘老师开始教写字了，先教我写一横，也就是一。"

"然后就写二？"

"不。然后写一竖。"孩子比画着纠正。

"然后写一撇？"

"然后写二，再然后写三。我对妈妈说：'我想写复杂一点的字。'妈妈说：'那你就得坚持，每个星期天都来，每天都在家好好练。'我说：'好！'现在我写字已经不用米字格了。我正在学写颜真卿的《告身帖》。我就是这样学写毛笔字的！"

第二天测试，全班只有这个孩子写《我学写毛笔字》，内容大致如上。大约只有看云知道这是多么好、多么有生命的一篇文章：那永远印在心里的一横、一竖，还有"二"和"三"。

七

梅尔·列文在《破茧而出》里指出：写作是一种输出，是把头脑里的思想转换为可以在公众领域交流、讨论的书面文字，是"最难的事情"！

看云深谙写作之苦，看云从不欺骗孩子写作"像玩一样轻松"。这是看云老老实实教写作，老老实实带诵读的原因。

有生命、有灵魂的写作是一种高深的修炼。一切好文字乃至一切有品质的产品，都源自干净的精神、安静的心。

这就是儿童经典阅读、儿童经典诵读以及（每周一歌的）吟诵教学在今天尤为重要的原因。滋养、浸润、抚慰、治疗，适宜孩子的经典确乎可以养成、养护安静、干净、细腻的心。学生日记为证：

清晨的曙光
刘雨彤

早上，我和爸爸下去晒萝卜片。爸爸在把萝卜片撒在布上，我站起来，看见东边天上一片光，西边天上却是幽蓝蓝的。我心知肚明地问爸爸："爸爸，今天太阳怎么从西边升上来了？"爸爸回答："傻子，那是月亮，你再仔细好好看看。""哦，是月亮。"

爸爸撒完萝卜片，准备带我回家，路上我听见了小鸟叽叽喳喳的声音，我不禁脱口而出："鸟的歌声是曙光从大地反响过去的回声。"爸爸问："你刚才说什么？"我回答："我说的是鸟的歌声是曙光从大地反响过去的回声，是《飞鸟集》里面的。"老爸问："你知道《飞鸟集》是谁写的吗？""泰戈尔。""泰戈尔是哪国人？""印度人。""对了，你真棒。"

爸爸表扬了我，我心里美滋滋的。

吟　诵
汪博涵

小菠菜最喜欢上早读课了，早读课要换书、打钩、吟诵，还有读书。在里面，小菠菜最喜欢的是吟诵。

吟诵就是把诗唱起来，又好听，又好唱。小菠菜唱歌原本就好听，所以吟诵很容易就找到音乐，找到节奏感。

这个星期小菠菜在吟《滁州西涧》，小菠菜很喜欢这首诗，很好听，特别是生、树、来、自这四个字，小菠菜每次吟《滁州西涧》的时候，都好像来到了诗里，陶醉在这首诗里。

一天，小菠菜一边走在放学路上一边吟诵："独怜幽草涧边生，上有黄鹂深树鸣……"唱完时，小菠菜想："不如回家听面包机吧！"小菠菜一边说一边跑回家。小菠菜回到家，打开面包机，开始坐在凳子上美美地听着徐健顺先生吟《滁州西涧》，小菠菜再一次陶醉在诗里，小菠菜想："我也想亲近母语！"

2012 年 12 月 10 日

日记点评（一）

相比于考前指导、下水文示范，更日常、更规律的"作文课"是每周一次的日记佳作朗读及点评。

除了日记内容本身够好，课堂上朗读的佳作最好同时还能满足教师"借力打力"促进班级成长的需要，为集体进步提供正能量。这样一来，佳作内容通常具有一定的公共性。特别新颖的"个人文字"也可获得朗读的殊荣，对他们的表彰更多体现在满分及点名表扬。

经过反复甄选，今天朗读了四篇日记。

现在大略回顾一下上午的日记点评，括号内为教师絮叨。这样的絮叨也许破坏了孩子聆听的完整性，但是就课堂感觉来说，如果没有这样的絮叨——朗读纵然完整，也是飘浮在空气里的声音，未必入孩子心中。点评的作用，是示范，更是激励。

四篇日记所以按如下次第朗读，则是出于节奏和韵律的考虑。

阳台上的朗读

在冬天的一个下午，小菠菜和爸爸一起在阳台上放声朗读《一片叶子落下来》，欣赏着每一个字。（"欣赏着每一个字"，好喜欢这一句！）因为爸爸很喜欢《一片叶子落下来》这个故事，所以小菠菜和爸爸朗读了好几遍，好些段落已经快可以背了。（汪博涵爸爸真棒！你们的爸爸、妈妈在听你们朗读的时候，是不是也有过情不自禁放声朗读的时候？有？哦！真好！我相信汪博涵基本可以背诵，因为她"朗读了好几遍"！而且是和爸爸一起朗读的！）

小菠菜读累了，小菠菜从阳台上的窗户向外面望去。（注意，这是阳台上的朗读，想象当然也发生在阳台上。而且阳台可以没有遮拦地看到树木，阳台可以让一个爱读书的孩子展开想象。）慢慢，眼前浮现出六十二中的景象，六十二中变成了一棵强壮、牢靠、结实、挺拔的大树，小菠菜看到老师们都变成了树枝，同学们都变成了一片一片的叶子，当然也有大树叶，小菠菜看到自己变成了一片火红的树叶，在小菠菜左边的叶子是刘瑞，右边的叶子是王林森，前面的树叶是可爱的女孩李彤悦，后面是那个爱笑但有时也爱发脾气的叶子——骆慧娟。（不要笑！日记还没有结束呢。这是一幅钢笔画，画着一棵正在落叶的参天大树。这是她给自己日记配的插图，也是对我们那周朗读的纪念。如果这样的插图够多，将来你会发现，你的童年日记其实是一本图画书！）

找 不 同

"今天《全阅读》的作业是《一粒橡子的奇遇》和《一片叶子落下来》，每篇朗读两遍！"王浩对我说。（用人物话语提起读者的注意和兴趣。好的开头是成功的一半。"今天《全阅读》的作业是《一粒橡子的奇遇》和《一片叶子落下来》，每篇朗读两遍！"请注意这里的语气，多么兴致勃勃！这又传达出王浩助人为乐的热情和作者自己渴望学习的热情。）

我翻开书一看："这……这……这不是《奇妙的自然

奇妙的你》中的《一粒橡子的奇遇》吗？"由于我的腿还不能走路，所以只好请妈妈帮我拿来这本书。（哪一个字用得特别好？对，"请"特别好。朱城宇同学说的《奇妙的自然奇妙的你》，老师在一年级给你们朗读并推荐过。）

我把两个版本的《一粒橡子的奇遇》都看了一遍，发现有很多不同的地方。（很多同学家都有这一套图画书，大约你们也发现有些地方不同，但是，只有朱城宇注意到这些不同，并且用日记的方式记录下来！这就是研究性学习啊！这就是阅读为我们打开的一个丰富美丽的世界！）例如图画书说的是："森林的地面潮湿黑暗。"而《全阅读》上的是："森林的地面非常非常的黑暗。"还有一处，图画书上是："一点点长大。"而《全阅读》上的是："每天一点点长大。"（这些细小的不同，老师也没有留心呢！我很惊讶，一个男生可以拥有如此细致的心思！）后面还有很多不同的地方，妈妈都给我标出来。（真是一个好母亲！这就激励老师想尽办法，把更多美好的故事带给你们，因为带给你们也就等于带给了你们全家！）我觉得还是图画书好。有精美的图画，让我可以看到橡子从一粒种子，经历千辛万苦，长成根深叶茂的大树，到最后变成了黑色的、丰富的泥土，融入世间万物。我就用图画书完成了老师朗读两遍的任务。（这里出现了许多我们熟读的词语，现在这些词语都进入了朱城宇的日记，融入朱城宇的成长！而他，因为腿伤已经好几个星期没有上学了！让我们用掌声表示对他的敬佩和祝福！）

学说天津快书

隆哏哩哏隆，隆哏哩哏隆，隆哏哩哏，隆哏哩哏，隆哏哩哏隆。

胡琴拉一拉，竹板打一打，天津快板开讲啦，说说蛇年吧。

我们在摇头晃脑地读天津快板。其实天津快板的内容是《蛇年的礼物》上的，只是老师把词打印到一张纸上而已。

当我们读完的时候，薛老师说："看看谁能在星期一背会！"当时我就下了决心一定要背会了。（你们当时是否也下了这样的决心？整整一页，这么长的说词，能背下来真了不起！）

到了星期六，我背了一次，背会了。就是一个字不会读：忒。

我问爷爷："这个字怎么读？"爷爷说："太。"我用太的音读了一下，觉得不顺，我觉得应该读"耐"，结果还是不对。（呵呵，看来是老师说唱的时候吐词不够清晰啊。你们说，这个时候应该怎么办？对，查字典。）

我查了一下字典，原来读"特"。我又读了一下，顺！（呵呵，这个字有两个读音。对，另一个音读"tēi"，在曲艺节目中，应该读"tēi"。"tēi"音更土、更地道——"先说那长相，长得忒丑哇，曲里拐弯细尾巴，谁见谁害怕。还有蛇生肖，人们避讳它，属蛇不愿说属蛇，说属小龙吧"。）

我没有快板，我奶奶向李志宝的妈妈借了。我终于可以上台了！（掌声！欢迎刘良宇的天津快书《蛇年说蛇》！）

快乐足球

爸爸说过"你喜欢足球吗?那就像喜欢恋人一样喜欢它吧!"我就是这样的一个男子汉,喜欢足球。(干脆利落,男子汉气概十足!)

我以前用脚尖踢球射门,九球出界,还有一球会打到门柱上。(哈哈,是不是很幽默啊?可是这里有真实的踢球体验!生活本身是充满幽默的,但看你有没有发现的眼睛,但看你自己的生活是否丰富!)后来,足球队的陈老师告诉我们要用脚内侧射门。我试了一下,果然灵验!我射门,十球有九球进门,一球被守住。哇,掌握技巧真是太有用了!(哇!好干净,好带劲!寥寥数语,无可辩驳地说明了技巧的重要!)

我们以前认为"铜墙铁壁"就是站人墙,我们一般都会说这一句话:"铜墙铁壁,三兄弟。"可是陈老师说的铜墙铁壁是用身体、腿、脚来做铜墙和铁壁。当我用身体做铜墙铁壁时,我会挺起身体,做出老鹰俯冲的样子,然后飞起一脚,射门!

啊,踢足球真快乐,无论是射门、守门,还是传球、顶球、带球、挑球、抛球都很快乐。(一连串短句,好漂亮!干脆、利落的节奏,正是足球小子的感觉!"挺起身体,用身体做铜墙铁壁。"瞧啊,你们都不由自主地坐直了!为什么?因为你们听到了这样带劲、这样充满精气神的字句!聆听蕴含精气神的文章,可以提起我们的精气神,更不要说朗读!男孩子一定要有男孩子的样子,男孩子应该热爱运动,男孩子应该胸怀坦荡,男孩子还应该和女生一样有耐性——在老师的带领下，把《如来斗法》《大战红孩儿》《三打白骨精》这样的古白话拿下！因为经典诵读一样可以强健我们的身体，开阔我们的胸襟，养成我们的精气神！日记点评结束，下面跟老师朗读《小雷音弥勒擒黄眉》。）

2012 年 12 月 17 日

"亲爱的薛老师"

一

对于有心研习写作的中高年级学生乃至中学生来说,《亲爱的汉修先生》堪称宝典！对于教师、父母来说,《亲爱的汉修先生》是一本值得一读再读的教育经典。那个孤独的男孩，那条名叫土匪的狗儿，那个永远长不大的父亲，还有那位贫苦、坚强、高贵、成熟的母亲……《亲爱的汉修先生》给予看云的感动和启迪，岂止教学。

今天教师读完《写给汉修先生的一封信》，学生都笑了。

"你们觉得鲍雷伊的信怎么样？"

"不怎么样。呵呵……"

"那你们来回答作家提出的两个问题：你是谁？长得什么样？不许三言两句，一段一段说下来。"

他们基本傻掉了！回头再读鲍雷伊，语气、表情都有了不同。

"下午写作文。题目就叫《写给薛老师的信》。"停了停，老师又说，"我可不是那个遥远又陌生的作家！我是天天跟你们混在一起的薛老师！合肥市六十二中、三年级（2）班之类的话就不要写了！一定要让我对你有新的认识！中午回家，都给我好好照镜子！"

"放开写。就当是和老师聊天，聊得越轻松，文章就越好！"下午的指导就这一句。一旦放松，孩子们果然写得挺顺！课堂上，他们一边写一边研读《写给汉修先生的一封信》。这让看云更加确信：仿写就是充分吸收。仿写自会逼迫孩子把范文吃得渣滓都不舍得吐。就算写得"不怎么样"——仿写促成的"深入阅读"本身就是成功,是走向"会写"的稳定踏实的一小步。

"为什么给我起这么难听的名字?"我经常问妈妈。而妈妈也经常回答我:"就算名字难听,但是很好写啊,你怎么不往这个方面想呢?"

薛老师,您知道我的样子,但您一定不知道我脸上有几颗"黑豆豆"——也就是"痣"吧?我来告诉您吧,我脸上有八颗"黑豆豆",这还是原来数出来的,说不定最近又长出了几颗。

(杨羽西)

全球有很多人叫李想,所以我老妈就劝我改名为李重阳,因为我爸爸叫李海龙,姓李名海龙,我的小名叫重阳,所以劝我要叫李重阳,不过最终还是没有改下来啊。我的脸上有一道疤,是三(1)班的李想用铁跳绳划的。

(李想)

薛老师,我知道您叫我们写这个的目的是什么。是想让我们把作文写长、写好。我的语文不是很好,但是您还是常常在班上表扬我,这让我觉得很自豪!

(刘爱媛)

习作照例当堂完成,"新的了解"已经实现。同时,这些书信多多少少也让老师知道:我是谁?在孩子眼里我是什么样子?

以下是七位弟子习作的全文。也许"不怎么样",录下它们,是为了表示对《亲爱的汉修先生》的作者贝芙莉·克莱瑞的敬意。书中

"另一个"女作家与鲍雷伊严肃地讨论写作真谛——那些话，简直就是对斯坦纳的注解。

二

亲爱的薛老师：

我正在给您写信，回答您那些又蠢又无聊的问题。今天我们读的是《写给汉修先生的一封信》，一开始我觉得鲍雷伊写得不好，后来觉得他写得非常好。上语文课的时候，我们都讲不出来。

1. 你是谁？

我叫高浩然，我很不喜欢这个名字，因为很多人都叫我孟浩然，我顿时火冒三丈，想揍他（她）一顿，可又不想揍了。您不知道我的左脚有个伤疤，而且您也不知道我妈妈晚上经常加班，所以我的作业都是爸爸检查。

2. 你长得什么样子？

我的个子原来是中等，现在长得高高的。现在班上按高矮排队的时候，我的位置在后面。

高浩然

12月24日

亲爱的薛老师：

您不知道我是谁，我长得啥样子了吗？我是俞权啊，您说我是男生当中吟诵很好听的啊！为了这个，您还请我喝过您名贵的普洱茶呢！我长得非常像冬瓜，一二年级的时候别人都说我是矮冬瓜。我的个头几乎是全班最矮的了，做操的时候我站在第二。

我不喜欢俞权这个名字，因为别人有时候说我是权俞。说实在话，我挺喜欢鲍雷伊这个名字。我觉得鲍雷伊是个聪明的孩子。写那么长的信多累！不过我还是希望自己下次能够写更多的信给亲爱的薛老师！

您的学生俞权

12 月 24 日

亲爱的薛老师：

我一直都喜欢在家里看电视、看电脑，我爸爸不让我看。如果爸爸不让我看电视、电脑的话，我就看书。爸爸说我写字不好看，如果字写错了，就把那个字写一排。我的爷爷去世了，我很伤心。

1. 你是谁？

呵呵，薛老师，您在逗我吧？您还不知道我是谁？其实我根本不喜欢爸爸妈妈给我起的这个名字，有些人会喊我"王大姐"，这个人就是康玟君，我一听到就很生气，不过只是在心里生气。

2. 你长得什么样子？

我的个头儿中等，头发乌黑乌黑的，皮肤有点儿白，好像又有点儿黑。我的个子达到了妈妈的手臂，差一点儿就到妈妈的肩膀。我妈妈希望我和姐姐长得像妈妈，因为像爸爸好丑。妈妈说："长得像我好美丽啊！"我在心里偷偷笑了一下。

写这么多我一点儿也不觉得累，因为我爱薛老师。

您的学生王苏苏

12 月 24 日

亲爱的薛老师：

你的问题很好玩，我正在边写边笑！好了，下面就是我的答复：

1. 你是谁？

我叫朱润婉，姓朱名润婉。你说："为什么叫朱润婉？"那是因为我是闰年闰月的晚上生的。至于那个"润"和那个"婉"是不是有些不对劲，那我就不知道了！

我不是像别人那样喜欢唱歌，可是我会跳拉丁舞、吹笛子、打快板……我会的可多了！

2. 你长得什么样子？

我中等个头，长长的头发，头发有些黄。妈妈说："你生出来的时候头发还是乌黑发亮，现在你的头发却金黄金黄的。"我大大的眼睛、白白的脸，樱桃小嘴。

写了这么多，我们下次再说吧！

您的学生朱润婉

12月24日

亲爱的薛老师：

我特喜欢今天我们读的《写给汉修先生的一封信》，您叫我们下午仿写，还让我们回家都照镜子。

1. 你是谁？

我是王心媛。我喜欢名字里有"媛"，我查过《新华字典》，这个"媛"字是上次您让我们用《新华字典》查"状元"的"元"的时候，无意中看到的，这个"媛"字表示美好的意思。

2. 你长得什么样子？

我长得中等，身体有点瘦，脚有点大。

写这么多真的把我给累死了！

您的学生王心媛
12月24日

亲爱的薛老师：

　　看到这两个问题的时候，我笑了。但我还是把屁股放在椅子上，好好回答您的问题。以下是我的答复：

　　1. 你是谁？

　　您其实知道的，我叫刘雨彤，我不喜欢这个"彤"字，因为总有人会写错。如果自己能改名字的话，我会把自己的名字改为"刘雨丹"。

　　我是一个普通的女生，成绩在中上游浮动。我积极发言、热爱阅读，总之我的优点很多。

　　2. 你长得什么样子？

　　您是知道的，我个子矮小，排队总在最前面。我皮肤微黑，我最大的梦想是成为书法家。

　　告诉您一个秘密：我姐姐生了一个小女孩，叫郭雨辰，她叫我姑姑。我很自豪，我小小年纪就当长辈了。

　　我爸妈都是工人，我爸管我很严。有这么个爸爸，我感到很幸福！

您的学生刘雨彤
2020年12月24日

有关 21 日的主题点评

2012 年 12 月 21 日是玛雅历旧纪元的最后一日。"世界末日"说法由此而来。半信半疑者成万上亿。到 12 月 21 日晚 7 点，连《新闻联播》都以郑重吓人的语气朗读《光明日报》12 月 19 日重要文章：《12 月 21 日太阳照样升起》片段。而这恰恰证明中央电视台也受惊扰了，恰恰增加半信半疑面对"即将过去的五个小时"的惴惴不安。

12 月 21 日清晨，就在"面包机"悠悠唱出的歌吟声中，孩子们高分贝地争论："世界末日就是今天！""谣言！我们不是好好的吗？""今天还没有过完呢！到夜里 12 点都可以毁灭的！"

没有一个人跟着徐健顺唱。这样激烈、放肆的争论前所未有。老师不得不介入："谣言止于智者！我们说出的话语要尽量传播喜乐、光明的正能量。给人带来恐惧不安的人，那个恐惧不安会回到自己身上。"

"就是嘛！"争论的一方大声赞同，另一方似乎得到安慰。双方一起抬起臂："洛阳——城里见秋风——"

12 月 21 日还是冬至节。斯坦纳以为：季候性节日能够帮助孩子领略宇宙的韵律和世界的深层奥秘。

上午朗读并点评了三篇日记。"这是主题点评。"回到办公室，看云对李君华说，"主题就藏在孩子日记里。教师的捕捉、看见和彰显——使之成为来自孩子又回到孩子，携带了亲切与自豪、小而实在的成长之力。"

小小辩论会

郭与然

星期一，袁文轩刚走到座位旁，他又做他的招牌动作：一只手撑在我的桌子上，一只手撑在他的桌子上，还用脚不停地调整着他的板凳，然后把手垂下，让书包滑落到板凳上。然而今天他好像很忧伤的样子，他叹了一口气说："21日世界末日……"

课间操时，刘传星说："那星期五不就是世界末日了吗？"

于是我说道："我才不信呢！如果真有世界末日的话，早该有异常发生了。"

"农贸市场都传开了，电视上也说了。"袁文轩辩道。

于是我又讲了很多科学的道理、天体的奥秘、自然界的规律，然后我说道："不要人云亦云！真是道听而途说，德之弃也！"

星期五，袁文轩做完了他的招牌动作后说道："我也不信了。"这时，我看见他的眼睛比以前更光亮了，我想那一定是他心里的一块石头终于落地了！

冬　至

康玟君

今天，我们将迎来二十四节气中的冬至，冬至是中国农历的一个重要的节气，听大人们说这天是全年当中白天最短、黑夜最长的一天。

从冬至这一天开始，就进入了数九的季节，每九天为一个"九"，到三九的时候，天气最冷。妈妈告诉我：老人都说冷在三九，到了三九这个天气，如果再不冷，天气也会转变冷了。冬至的这一天还有很多的风俗习惯，比如吃用南瓜做的饼子，大人小孩的肚子一年都不会疼。冬至这一天人们大部分都开始补身体，今天我姥姥家就杀了一只老母鸡，中午放学一回家，姥姥就告诉我们："今天喝鸡汤啊！""为什么喝鸡汤？"我问。"今天是冬至，开始补身体了，孩子们！""哦，我们知道了，谢谢姥姥。"

冬至这一天，我们这一带还有一个风俗习惯——祭祖，那就是我们这些活着的下辈要给死去的祖辈上坟送纸钱，来表达我们对他们的思念之情。

通过了解这些知识，我觉得冬至真的是二十四节气当中一个重要的节气哦！

2012 年 12 月 24 日

雪落无声：《客店没有空房间》

一

下雪了，天好冷！孩子为雪激起的欢悦，被寒冷映衬得晶莹纯粹、光耀动人。雪落无声的苦寒中，老师在门窗紧闭的教室里朗读《客店没有空房间》。

华利·普林那年才9岁，上二年级。城里很多人都知道他学习很吃力，他长得又高又笨，无论是动作还是思维都很迟缓。

"和你们差不多年龄哦，每个班都有这样的同学，通常人们叫他笨小孩。"边读边走，行过西边靠墙的一组，看见尤毅晗的书没有翻开，这家伙正热切地把玩一个紧而晶圆的雪球呢。我不动声色地伸出左手，从通红的小手里接过那个宝贝，打开窗子，将雪球送回雪中。整个过程中朗读没有间歇，讲述没有波动。几乎没有孩子注意到老师开窗。老师小心提防着孩子们的目光、心神逸散到落雪的户外。

班上的孩子嬉闹时，常设法把他排斥在外，但华利·普林总是在一旁等着，找机会帮个忙。他是一个乐于助人的孩子，整天笑嘻嘻的，有着保护弱者的天性。每当大孩子追打小孩子时，华利·普林总是说："为什么不停下来？他们没有哥哥。"

"华利受到同学排斥，可他依然乐观、有爱心。我相信这样善良的笨小孩我们身边也有，我希望他们在这个班不被排斥。"

"嗯……"他们点头，从心里发出应承。

今天的朗读，一开始就是交谈。或者，不费思虑的交心。

华利·普林希望能在那一年的圣诞庆典中扮演拿着长笛的牧羊人。但剧的导演认为这是一个重要的角色，不能交给华利。不过客店老板倒没有多少事情好做，华利只需狠狠地拒绝约瑟住下就行了。

孩子脸上现出疑问。老师停下来，一边板书一边讲述发生在2000年前的那件人类历史上最重要的事情。

雪落无声，寒气凛冽。老师的语调低缓，教室里的氛围素朴、静穆——于寒冷、寂静的核心包裹难以言表的温柔、激动。

同往常一样，大批观众聚在一起看一年一度的耶稣诞生情景再现。华利站在舞台的幕后，出神地望着什么。

"什么叫一年一度？"

"一年一度就是一年一次。"

"一年一度的圣诞节期间，大家观看什么？"

"耶稣诞生的情景再现。"

这时，约瑟出现了。慢慢地走着，温柔地保护着玛丽亚，使劲地敲着装在背景上的木门。

"你要干什么？"华利，这个"客店老板"粗声粗气地问，并打开了门。

"我们找店住。"

"到别处去找吧，"华利直盯着前方，用力说道，"这个店已经住满了。"

"先生，我们到处都问过了，都不行。我们已经走了很远，而且很累了。"

"这个店里没有屋子给你。"华利看起来很严厉。

"行行好吧，好心的老板，这是我的妻子，玛丽亚。她怀着孩子，你肯定会有一个小角落给她歇歇脚。"这时，店老板先看了看玛丽亚，然后停了很长时间没有说话，长得叫观众焦急。

"观众急什么？"

"华利停的时间太长。"

"这个节目观众熟悉不熟悉？"

"熟悉。一年一度！"

"华利为什么演不下去？是忘词了吗？"

"不是。他不忍心。"

"不行！滚开！"提示人在幕后小声地说。

"不行！"华利重复道，"滚开！"约瑟凄惨地扶着玛丽亚，玛丽亚把头枕在她丈夫的肩上，两个人开始离去。

"今天是12月26日。昨天……昨天就是圣诞节。即将分娩的孕妇，投宿竟遭拒绝！这凄惨的一幕，就发生在2012年前的昨天，12月25日……那个寒冷的冬夜。"

讲述变得有些犹豫。好像是在努力回忆一件遥远、重要的事情。老师知道这样说不准确，原本就没有"准确一说"！重要的是孩子的感受。老师转头看着窗外,一语不发地看了很久。孩子随老师向窗外望去,目光里满是忧愁、悲悯。在雪中,他们看见两个人:那是约瑟凄惨地扶着玛丽亚,玛丽亚把头枕在她丈夫的肩上,两个人开始离去。

华利站在门口,望着这不幸的夫妻。他张着嘴,忧愁地皱着眉头,眼里显然充满了泪水。

突然,这历史的再现出现了与众不同的结局。

"别走,约瑟!"华利喊道,"带玛丽亚回来。你们可以住在我屋里!"

教室静得听见雪落,有温暖、激动的光从孩子眼里放射。

一些人觉得这次表演砸锅了,但绝大多数人认为这是他们所看到的最好的演出。

"你们觉得呢?"

"这是最好的演出。"

"华利扮演的老板为什么把自己的房间让给玛丽亚?"

"因为他善良。"

"也因为他知道被排斥的滋味!虽然他不说。"老师补充道,"捧起书,你们读。"

二

孩子读得很好,但老师不满足。"下雪了,没法做操。今天的大课间有整整半小时时间自由活动,希望有同学利用大课间排演这出戏。剧情、台词都很简单,重要的是态度要严肃。请记住:一次认真的演出胜过十次出色的朗读。"

铃声响起,第一堂课结束。孩子们雀跃着奔向雪中,但也有几个拿着书寻觅同道:"谁愿意跟我组合?""谁来和我排节目?"

下课了,两次溜到教室,老师看到两个组合在排练:一个在教室里,一个在楼道的厕所外。这个大课间,校园里雪球四飞,笑声震天,只有这两处是安静的。

不知道第三堂课是什么样子。这是试验,也是冒险。然而不论怎样,看云相信:能够在这个时候静心排演的孩子,真的具有不一样的心性。这种心性将通过演出传染给同学,那是老师也不能做到的。"我对第三堂课充满期待!哪怕只有一个组合表演也是好的。"30分钟里,老师的心全都系在那两个组合上了。

第三节课,上台表演的竟有三个组合!分别是:王宇翔、王苏苏、刘雨彤、李晨曦、奚悦扬、李伟航、刘传星、郭恒祎、王浩、许梦凡、杨羽西、郭与然。郑重敲下这些孩子的名字,是为了纪念这次值得纪念的表演。令人难忘的不仅是认真的演员,还有严肃的观众。如老师所期待,全班带着敬佩、同情观看表演。当约瑟扶着临盆的妻子缓慢上台时,他们都笑了,那笑容干净且喜乐。那是因为——他们看见了即将诞生的小婴儿。

三

"今天星期三,原本今天要读的《蛇年的礼物》之《白蛇娘子》,改到下一周。《客店没有空房间》太好、太感人;你们的朗读和表演太好、太感人!我们应该把这种感受牢牢固定在心里。圣诞刚过,大雪漫天,华利就在我们中间!在这个时候,我们不应该受到天津快书的打扰。"

对于《蛇年的礼物》来说,如此安排也是严肃恭敬的。

把世界带进教室,尽量多地把好的东西带给孩子。同时谨防把孩子大脑当容器,只管多"装",而不关心进入的东西是否有生命力,是否有空间、时间得到生长。

以下是两位同学当天的日记：

一次生动的课文情景再现

郭与然

我走向讲台，心跳得像刚上完体育课一样，王浩、杨羽西、许梦凡已经站在讲台上了。还好，台词可以自己发挥，我安慰了一下自己，用手敲了敲黑板，那是我们事先说好的"门"。王浩立即有了反应，冒出了一句："你要干什么？"

我立刻用颤抖、轻微的语气说："我们找店住。"

"这里已经住满了，你们到别处去找吧。"

"我们已经问过很多家了，他们都这样回答。"这句漂亮的台词当时真不知道是怎么想出来的。

王浩不说话，一直望着杨羽西，这家伙一定是忘词儿了。这时许梦凡在后面小声地说："不行，滚开！"王浩急忙重复了一句。我和杨羽西无声地走向讲台一边的小书柜，我看到同学们把愤怒的眼光投向了可怜的王浩。这时，听到背后的王浩大声说："约瑟，带着玛丽亚回来，你可以住在我的房间。"台下发出热烈的掌声，我们微笑着走下了讲台。

表　演

郭恒祎

"下节语文课，我们来表演《客店没有空房间》！"上课时，薛老师对我们说。

下课了，李伟航对我说："郭恒祎，我们一起来扮演《客店没有空房间》。""好的，那我当什么呢？""约瑟是男的，客店老板也是男的，玛丽亚和提示人是女的，你自己选吧！"我想选玛丽亚，可是她没有台词，没有意思，所以我选提示人。于是我说："我当提示人。""好，我们来排练，奚悦扬当玛丽亚，我当约瑟，刘传星当客店老板。"

"咚咚咚！"李伟航敲着黑板。"干什么？"刘传星粗声地问。"我们找店住。""到别处去找吧！""我们找了很多店，都没有房子给我们住了。""我们这已经住满了！""行行好吧，好心的老板，我们已经走了很远，而且很累了，这是我的妻子玛丽亚，她怀着小宝宝，你一定有一个小角落可以给她歇歇脚。""不行，滚开！"我小声地对刘传星说："不行，滚开！"刘传星重复着我的话。李伟航失望地扶着奚悦扬，走了下去。突然，刘传星大声喊："别走，约瑟！带玛丽亚回来，我的屋子给你住。"表演到此结束。

"嗯！很好。我们再排练三遍吧！"李伟航说。就在此时，上课铃已经响了，我们只好回到教室。上课了，薛老师说："这节课我们开始表演，下面谁来？"我们立刻举起手，但老师喊的是王宇翔他们，我们仔细看王羽翔他们表演。第二次，老师叫到我们了，我们表演时，刘传星可能是紧张的原因，身体一直摇来摇去。表演结束后，薛老师点评说："刚才的表演，如果刘传星不把身体摇来摇去，节目将更加精彩。"

下课了，我看到刘传星很懊恼，于是我就安慰他说："刚才的表演虽然不是很好，但我们有上台表演的勇气，贵在参与，你不要灰心，争取下次上台表演好，比起没有勇气上台的同学，我们还是很棒的。"刘传星听后高兴地说："谢谢你们没有怪我，下次表演我一定不紧张，争取表演好。"

2012 年 12 月 26 日

所谓佳作

一

"日记点评。先欣赏一组佳作。用心听,边听边想:这一篇佳在哪里?所谓佳作,往往只要有一段甚至一两句特别闪光就可以了!这样的句子像宝石!照亮整篇日记,也照亮了同学的眼睛、老师的心!当然咯,只有具备慧眼、懂欣赏的高人,才能看到宝石。归根到底,照亮你的眼睛的,是你自己心中的品位的光。"

板书"慧眼""品位"。一瞬间,几乎所有向着老师的目光都变得炯炯有神!看云仿佛置身聚光灯下了。

"别急,还没有开始呢!乱放电说明你不懂!"

"呵呵!"

面面相觑。因为他们不知道老师会找哪些同学要日记。

这一次老师没有要日记,而是径直背诵(其实是复述)日记佳作。不难想象,几个作者该多么荣幸!这样的讲述,赋予日记活跳跳的生命力;同时可以让老师无隔无碍地观察听众反应,了解他们是否具有发现宝石的慧眼,从而确定是否有必要停下来,带领他们赏析。

结果,老师一路说一路笑,大家一边听一边乐。他们都笑到了"点子上",犹如懂戏人的那一声"好"喊在寸劲儿上。这种颔首与会心,乃是无声胜有声的点评,是所谓的不言之教。

听到一处,很多同桌情不自禁地彼此摸摸小手,然后相视一笑,接着听。那一刻，只有这个年龄才有的单纯、明净和温馨，感染了老师，也印在孩子无意识的记忆中。

一百年后的世界

黄昕茹

今天天气真好！我和妈妈一起下楼去玩。

玩的时候，一个小男孩跑了过来。我看看他，他也看看我，从他的眼睛里射出了一道紫光，刺得我把眼睛紧闭起来。等我睁开眼睛，我已经在大马路上了。对面走来几个人，咦？怎么他们脸上都有两块大砖头？我仔细一看，哦！不！那是眼镜！所有人眼镜的度数都是不小的四位数！

我走到一座大楼边，听到背书的声音："圆的面积等于……"同时边上还传来一阵说话声："你给我好好背！你都两岁了！对门那个小孩才一岁，背得比你好多了！现在两岁的孩子早就不学这个了！就你，笨人一个！以后，啊不，现在怎么考上幼儿园，怎么考上好的小学？啊？！快给我好好背！"这一定就是一百年后的世界！"我想。突然，一阵洪荒照来，刺得我又闭上了眼睛，睁开眼时，我发现我又回来了！

我没有心思玩了，回到家提起笔，写下了日记的题目"一百年后的世界"。

我 的 朋 友

刘爱媛

我的朋友是一个男生，他头发乌黑乌黑的，头长得椭圆椭圆的，眼睛小小的，很爱笑。我的朋友最喜欢的颜色是紫色和蓝色，他很爱耍酷，我也经常和他玩。他的成绩比我好，我不会的他就给我讲。

他还跟我说他喜欢听的歌曲是《江南style》。我也喜欢听这首歌。

他嘛，长得有一点点胖。每次到学校来，到教室我摸摸他的手，都是热热的，没有一点点寒气。看来，这就是胖子的好处啊！

大家想知道他是谁吗？他就是我的同桌——何智豪。

四只鸽子

何智豪

这是四只漂亮机灵的鸽子。本来叔叔送我这四只鸽子是用来给我补身子煲汤喝的，可我怎么也不舍得把它们杀掉，就让妈妈送它们到奶奶家喂养。刚到奶奶家，它们就像一群懂事的孩子似的感到陌生，无论奶奶怎么喂它们食物，它们都不肯吃，这可把我急坏了！我听叔叔说鸽子喜欢吃玉米粒，我就叫奶奶从超市买了一些回来。我赶紧抓一把，迫不及待地送给鸽子，"哈哈！"果然是真的，鸽子全都聚到一起，争着往自己嘴里啄。不一会儿，就吃了个精光，然后回到了笼子休息了。想到鸽子不会饿死，我的心里有说不出的喜悦。

现在这几只鸽子在奶奶家已经很适应，每天早晨它们就"咕咕咕"唱歌给爷爷奶奶听，就像一群快乐的孩子，开心极了！

我爱这些美丽的鸽子，我爱这些幼小的生命，因为它们给我带来无尽的快乐。

二

笑过之后,点名要来三本日记。老师请大家静下心来,更加专注地倾听、比较和汲取。三篇日记题目都是"讲演比赛",记录的都是11日班会课上的事情。老师读得很慢,相信孩子们在聆听的时候,必会一边欣赏一边"放电影"——从而加深对于"集体生活的暖流"的回味与体验;从而加强对于"班级共同生活"的参与和关注。

演讲比赛

康玟君

哇!一年一度的演讲比赛又要到了。

今天下午最后一节课,王老师在班级进行了选拔比赛,很多同学都期盼着讲故事的到来。一上班会课,王老师就问:"谁准备好,就上来演讲吧!"有一些同学准备得可能比较充分,他们主动站起来了,比如刘爱媛、李伟航、袁仲昕……王老师看了一下,便说:"难道我们班只有这么一点人参加吗?好吧,那我们就从汪博涵同学开始吧!"汪博涵同学带给大家的是《讲错故事了》,虽然这个故事我们大家都读过,但汪博涵却在这短短的三分钟内把故事讲得有声有色。接着,曹可欣上了演讲台,她给大家带来的是《三打白骨精》,她边演讲边做动作,把这个故事讲得更是出神入化。紧接着是老将郭与然,他给大家带来的是《书是我一生的朋友》。每次他都准备得很充分,所以每次演讲都非常好。这次也不例外,他最后在大家欢声雷动中走下讲台……

同学们一个接着一个的演讲很快结束了。老师说:"你们觉得谁讲得最好?"同学们有的说郭与然,有的说曹可欣，还有的说汪博涵，最后在大家的投票下，三个出色的演讲者产生了，是郭与然、曹可欣、汪博涵。我和大家一样，希望他们能代表班级，代表自己，在学校比赛中获得最佳成绩！

演讲比赛
郭与然

今天，我们班要进行演讲选拔。我坐在我们班的倒数第三排，我想我应该是最后一个上场，所以我并不紧张。

选拔开始了，选手们一个接一个上场，真是八仙过海，各显神通！班里发出一阵又一阵的掌声，我也听得入了迷。

不知不觉就要轮到我上场了，我演讲的题目是《书是我一生的朋友》。上场前，李想认真地对我说："郭与然，加油！"演讲的时候，我看到台下同学们用又认真又调皮的眼神看着我，当我讲到"我家连马桶上都堆满了书"的时候，大家笑得东倒西歪、前仰后合。王林森笑得捂着肚子，转来转去。当我抒发对书的感情时，时间就像静止了一样，教室里一片寂静。我的演讲结束了，下面爆发出一片热烈的掌声。

演讲比赛
曹可欣

昨天下午，我们要演讲选拔。前两节课，我都兴奋得不得了。

终于等到了班会课，王老师走进来对我们说："谁准备了？站起来。"只有几个人站起来了。过了一会儿，老师终于喊到我了，我开始讲我的《三打白骨精》，把下面的同学逗得哈哈大笑。最后一个是郭与然，他讲的是他爸爸帮他写的，名字叫作《书是我一生的朋友》。我们都笑了起来，不过是讥笑。这时，我突然想起了《道德经》里的一句话："下士闻道，大笑之。"我急忙停止了笑。呼！好险，差点儿就成下士了。

　　开始选了，我们都很紧张。后来很多人选了郭与然。有几个选我和汪博涵。我觉得这就不错了，因为友谊第一，比赛第二。下次还有很多机会呢！

星期六（19日）腊八，星期日（20日）大寒。猜都能猜到，很多同学会写到做腊八粥、喝腊八粥以及腊八粥的传说。21日的日记点评，这是一个可以预定的主题。

2013年1月14日

星星的小眼睛

一

第三单元习作题:"春天的发现"。

为了写好"春天的发现",提前三天动员孩子观察:一下课就赶他们下楼"找春天",放学叮嘱他们不要忘了"发现"。连着三天,课前交流发现。因为老师鼓励结伴寻找,所以一个发现往往得到同学的补充或纠正。补充和纠正又会引发新的观察热情。老师参与观察、交流。雄蕊、雌蕊、花萼、葱兰……就是这样说给他们的。

三天后当堂作文。写前指导是对观察、交流的整理——给予缤纷见闻以条理和层次。这是三年级孩子必须仰赖教师的地方。

春天的发现
  迎春花、白玉兰、杏花、紫叶李
  月季、香樟、海棠球
  葱兰、广玉兰、芭蕉
  草、大雁、燕子

板书课前写好,老师讲述两遍后,孩子就手不停挥地写起来。以下三篇习作,明显带有老师指导的印记,孩子"自己的目光"也星星般闪烁其间。"一根雌蕊挺立在花瓣的中间,周围一圈顶着花粉的细小雄蕊,像一群新郎捧着鲜花向新娘求婚呢。"这是李想同学笔下的迎春花，虽然一个新娘、一群新郎的说法很幼稚，但孩子的意思是干净、生动的。

春天到了
黄昕茹

最先迎接春天的，是大朵大朵的白玉兰。它们叶子都没有长出来，花儿就迫不及待地迎接春天。粉红的杏花也开了，它们笑得多么可爱啊！紫叶李也争先恐后地开放了，一阵轻风吹来，花瓣就洋洋洒洒飘落下来。站在树下，花瓣飘到你的头上、衣服上，别提有多爽了！小小的迎春最可爱，四片花瓣里有一根雌蕊，边上围着一圈雄蕊。

月季花刚长出的叶子是红的，好像孩子张开双手欢呼春天的到来。马路边灌木顶上的叶子火红火红的，下面的叶子是深绿的，这些灌木的新叶远看好像开了花一样，美丽极了！

不过葱兰、芭蕉、竹子和广玉兰好像还不知道春天来了，仍然在睡大觉呢！

小草也长出来了，嫩绿嫩绿的。大雁和燕子也飞回来了。

春天到了！它来到了我们的身边！

春天到了
何智豪

春天到了，迎接春天的是迎春。

迎春花有四朵花瓣，金黄金黄的，好看极了，但是它非常小。中间有一个雌蕊，而且迎春花的旁边还围着一圈雄蕊，我摸了摸它的雄蕊，有一点黏，下面是花萼。

我还看到了香樟树，我看到它的叶子非常嫩绿，还有一种淡淡的清香。我还看到了月季，它非常像小朋友在伸展着双手迎接春天。我还看到海棠球，它的叶子有一点绿又有一点黄，很好看。

但是葱兰、芭蕉、广玉兰好像感觉春天还没有来，正在睡大觉呢！

小草发芽了，上面是绿色的，下面是黄色的，我还看到大雁从南方飞回来了。可是我没有看到蜜蜂和蝴蝶，说不定是因为花儿开得还不够多吧？

春天到了

朱城宇

白玉兰在树上开得满满的，一下子就没有了！迎春花黄黄的，像一颗颗小星星。迎春花的雌蕊是在中间的，雄蕊是周围一圈的。花粉是花中最细小的东西了，需要放大几倍才能看到呢！

捡一片香樟树叶，啊！多好闻的清香！一到春天，香樟树叶也变得好闻！还有月季，也穿上了漂亮的新衣服。

葱兰是四季都是绿的，所以到现在还是老样子！芭蕉也是一样。广玉兰的叶子呀，那可密呀！几乎都看不透，它的新叶芽好像小火箭。

小草发芽了，去南方的大雁回来了！蜜蜂也在花丛中采蜜，还有蝴蝶。

多么美丽的春天！

一、二单元没有测验，这就省出四节课！第三单元作文试题还是《春天的发现》，测验只考基础知识。全部做完可以查字典，这样规定是为了防止孩子被字典绊住，影响了考试速度。

二

"天哪！你都考第三单元啦？"

电话里，朋友踩了蛇似的惊呼。她教四年级。

"一、二单元没考，一篇课文两课时，所以就上完三单元了。紧赶慢赶是为朗读《全阅读》里的《西游记》抢时间。《三打白骨精》《大战红孩儿》《偷吃人参果》《八戒斗沙僧》……这些硬骨头需要大块时间才能啃下。这样的古白话，离开老师，孩子一行也不愿啃，然而课上他们却读得有滋有味。一旦啃下，功力大长！上学期读了六篇，这学期想把其余六篇拿下。"

"两堂课一篇课文，作业来得及吗？你们不写生字、生词、练习册吗？"

"当然写！让我慢慢说给你听。首先，对于做日有所诵的班级来说，课文无须多讲，读好完成习题就行；其次，对于做日有所诵的班级来说，读好不太费事。第一课时：读课文、写作业。拼音一遍，生字四遍。快的五分钟，慢的十分钟。写好就看图书，谁看书老师就给谁'打钩'。错的订正，不认真重写！三年级下学期，当生字主要是合体字的时候，掌握音形义主要靠的不是抄写，而是经由诵读、朗读和阅读获得的自然领悟。

"对于作业来说，第一重要的是质量，作业质量来自作业状态。最重要的作业一定要在课内完成。这种作业对弱孩子尤有帮助，他们将感染到同学的专注。这种状态下完成的作业事半功倍。否则，你让他回家做，作业多半成为必败无疑的孤军奋战，成为让你七窍生烟的鬼画符！这是第一课时。

"第二课时，20分钟读讲，20分钟作业。课后要求背诵的内容必须分层次讲透读熟，然后完成学校统一配发的练习册。练习册千万不能发回家写,千奇百怪的错会把你改得累死、气死,而订正基本没有效果。从头到尾讲一遍,也就是从看拼音写词语开始连题带答案通读一遍再写。怎么写?学生在下面写,老师在黑板上写。老师、孩子一起写。看拼音写词语尤其要写,造句也写!优秀的基本不看板书,中等的半看半不看,弱孩子就是对着黑板抄。对他们来说,能把答案填到适当的位置也是挺不容易的!这样抄一遍的效果也比回家乱写好!板书写完,放下粉笔就开始给'作业神手'面批'打钩'了!即便这样也有错的,错的当堂订正。

"孩子的作业速度差距很大。快的十分钟写完,写完接着写生词。生词三遍,这就是常规的家庭作业。慢的呢,下了课再写十分钟才能写完!实在写不完的,回家写了第二天给我看。当然通常我会忘记,而老师需要这种忘记!作业其实也没什么了不起。认真但不要较真,放过学生就是放过自己。

"相比生字,生词带有复习性质,所以不必当堂完成。四分之一同学课内写完,四分之二完成大半,四分之一回家写。老师早读提前15分钟进课堂,陆续到来的孩子排队到老师跟前面批家庭作业。每天都有即时当面的表扬和批评。这样改得很快,但面批的效果胜过办公室里的精批细改。学生到齐就诵读。六分钟时间就可以把《日有所诵》一单元诵读两遍。这就是我除了作文和试卷,从来不在办公室批改作业的原因。这就是我的天天清、课课清。进度快还有一个内在原因:那就是老师带给孩子的那种永不懈怠、争分夺秒的精气神!"

"难怪……啧啧!这样处理练习册,骇人听闻!"

"有什么骇人听闻?语文学习主要靠记忆。在学习中指出并且订正错误基本没用!要紧的是一次性把正确内容牢牢拍进他们脑子。对于弱孩子,这一点尤其重要!你现在也有应付考试的时候,试问:当你拿到复习资料,你是对着问题做一遍呢,还是直接背答案?"

"当然直接背答案。"

"我们都是这样凭借记忆和记忆基础上的理解去参加考试的！练习册是什么东西？练习册是应试用的，应试就用应试的方法！还有，练习册里的'小练笔'从来不写。一到六年级，孩子的每一篇习作，都要在老师的指导下完成！教作文就是教做人，我不容许作文在我这里沦为应试作业。会把孩子写油的。"

"天天改作业，彻底傻掉了！我们这里，作业量都是统一规定的。"

"真是一将无能，累死千军！君不闻，上有政策，下有对策。越是这样，你越应该挑着做、抄着做，学习我的骇人听闻才对！"

"好！我明天就试！"

"放胆做！不要担心考试。这次测验，我们95分以上22人呢。"

"真不错！"

"讲卷子也是这样，答案课前抄黑板上，难点讲过各自订正。整齐又高效！考试是必然的坏事，我们要在自己力所能及的范围内降低这必然的坏事的荒诞、残酷而不是助纣为虐、为虎作伥。老君、小安一开始也以为骇人听闻，现在她俩深信不疑！因为生活本身就是证据！记住，成绩只要不降就是完胜！我们可以用赢来的时间、精力和心情去做诵读、朗读、讲述、吟诵。这叫良性循环，这才是真正的母语学习。集中精力做最该做的事情，绝不在低级问题上面死缠烂打，绝不和猪在泥里摔跤。哦！也许我应该开一个如何布置作业的讲座！"

三

"练习册里的'小练笔'从来不写。一到六年级，孩子的每一篇习作，都要在老师的指导下完成！教作文就是教做人，我不容许作文在我这里沦为应试作业。"

我有底气这样说，是因为"生活本身"提供了证据。时至今日，孩子们在测验中，都能不打草稿直接写，而且基本写满给定的格子。要知道，期末测验是无法提前指导的。对于这种"神功"，康玟君同学的母亲大为惊叹。必须毫不谦虚地指出：这是老师充分指导的成果。

重复以前说过的话：（每周一篇的日记）点评是最好的指导，朗读是最好的发表。在小学生眼里，皇帝都没有老师大！联合国公报发表都不如老师口中发表来得荣耀！老师要充分发挥权威作用，满足孩子对权威的需要，满足孩子发展的需要。

这学期开始，日记较少整篇朗读，更多点名表扬。表扬的同时口述"精彩之笔"。老师并不奢望三年级的孩子能够有心学习别人的写作方法，老师期待的是基于荣耀的点燃和激励效应。

"春天的发现"写在上周五。因为"发现"是真发现，所以发现会继续。周一交来的日记，不少还是写发现。这说明真实的指导可以让孩子和春天发生真实的连接。一定是因为小小的迎春花触动了孩子小小的心，王婕妤写道：

> 迎春花的枝是深绿的，大约有我的大拇指那么粗。仔细一看，枝的根部呈暗红色。枝条又细又长，像小姑娘的辫子，弯弯垂了下来，轻轻在空中。茎向两边对称生长，有的均匀得像一把梳子。远看：一朵朵金黄色的迎春花点缀在枝条中，像一颗颗星星在丛中闪烁。近看：每片花瓣都是椭圆形的，均匀地呈圆形向四周舒展，像一个小喇叭，演奏了一曲春之歌。
>
> （王婕妤《迎春花》节选）

"这是孩子在作文课上得到老师指导后，回家写出的一篇作文。谢谢老师！"王婕妤母亲在日记后面写道。看云理解这个母亲的自豪。观察日记，尤其是对植物的观察心得，是有难度的，这样的静物观察，尤其能够证明和养成孩子的静气。

这个周末下雨了。李雯琪、潘已欣、骆慧娟、奚悦扬写到了雨景。以下是奚悦扬同学的《春雨》，课上老师朗读了第3、4段。

> 我在路上行走时，发现路上、车子、房顶……都被春雨洗刷得干干净净。我深深地呼吸着新鲜的空气。路旁的每一片叶子上，挂满了颗颗晶莹透亮的小水珠，美丽极了！我一边唱歌，一边跳舞。走过一丛草边，无意中，发现一只蜗牛在带有水的草上慢慢地爬行着。
>
> 雨终于停了！这时，小鸟们全都飞出来了！它们准备举行一场音乐会。喜鹊当指挥家，布谷鸟、麻雀、鸽子都当歌手。一场音乐会开始了！它们唱的歌是《春天举行音乐会》，歌声太动听了。我完全陶醉在这音乐声中。
>
> （奚悦扬《春雨》节选）

至于杨羽西同学的《磨豆浆》，老师口述了日记的结尾：

> "喝着美味的豆浆，我不禁赋诗一首：现磨豆浆，好喝不烫。营养美味，快快来尝！"我这首诗押的可是香香的 ang 韵哦！

全班都笑了！

老师对着眼睛眯成一条线的作者说："听出来没有，老师把第三句改了。记住：诗歌第三句不需要押韵，押韵反而不好听。回去对着《我爱吟诵》好好琢磨，一定会发现：没有一首诗第三句是押韵的！"

众人茫茫然，杨羽西心领神会。老师这才回头招呼全班："刚才的话，是对杨羽西一个人说的！只有她一个人能懂。因为，只有做过诗的人，才能跟她谈诗的做法！"

激将有没有用呢？老师不确定。

今天上午的语文课上，老师发现程嘉玲、王雪纯写完生字都埋在抽屉肚里读书。

"为什么不放桌上读？"老师问。

"嘿嘿！"苹果脸的程嘉玲笑了，同座的王雪纯也无声地笑了。同时拿到桌子上的，原来不是书而是对方的日记！敢情，她们在互读日记呢。程嘉玲的《拔牙》和王雪纯的《大眼瞪小眼》都在表扬之列。

谁说三年级孩子没有兴趣彼此学习写作！在我看不到的地方，在我想不到的时候——种子在害羞、悄悄地长。

想来，康玟君的《母鸡当妈妈》、张伟杰的《小水杯》、袁文轩的《我和爸爸打乒乓球》也一定挺抢手吧。表扬让这些日记放出了光芒。

四

要紧的不是走进教室的人做了什么，要紧的是走进教室的是什么人，要紧的是教师的生命状态。

> 在白天，除了阳光之外，星星的光也照在大地上。我们肉眼可能无法看见，但对植物而言，星星的光芒就如同阳光一样的真实。
>
> 植物从太阳那里学习开花，而植物从星星那里学习如何让花朵有着星星般的姿态。有些像六芒星，有些像五芒星，有些像四芒星，也有些像有很多光芒的星星。有些植物甚至在果实中展现出星星的样子，像是苹果、橘子跟柠檬中的"星星"形状。
>
> 高挂的星星可以说是天上的花朵，是神的花朵。而地上的花就像是镜子，映照出天上花朵的光芒。

> 地上的花朵只是微小的倒影,是天堂美妙光芒的微小影子。当你在学校认真学习的时候,一点一滴吸收的小聪明、智慧跟知识也是种微小的倒影,是一面微小的"镜子",反映出神无限伟大的智慧。

这是《科瓦奇讲植物》,世上还有这样的科普读物!这样的文字之所以令人震撼,乃是因为它无关文学:科瓦奇是在陈述一件自己确信、确知、确认的事实,万物有灵、万物一体的事实。

孩子们不知道,最近一段时间,老师把《科瓦奇讲植物》读了又读,熟到多处能背。因为《科瓦奇讲植物》,老师买来一束百合花,已经连续观想十天了。

今日春分。因为《科瓦奇讲地理与天文》,看云给孩子讲地球的自转和公转、至日和昼夜平分点,讲人类祖先伟大的智慧。孩子们似懂非懂,嘴巴张成O形。这样老师想到了种子。科瓦奇说:圆形是宇宙的形状、生命的形状。种子都是圆形或者至少切面是近似于圆形的。

挑挑拣拣,《全阅读》已经读到第七单元。两首小诗太好了!而贾平凹的《天上的星星》则透出成人才有的灰暗、阴郁,对于星星、月亮,孩子都是侮辱。贾文中的孩子不是真孩子,真正的孩子没有这么多怨怼和郁闷。他们活在梦中,如夜间的星星,日日都是新的。

> 你别赤脚在这草地散步,
> 我的花园里到处是星星的碎片。

这是索德格朗的《星星》。它让老师想到《汤姆的午夜花园》。

> 星星睁着眼睛,
> 挂在黑丝绒上亮晶晶;
> 你们从上往下望,

看我可纯真?

……

星星的小眼睛,

我向你们保证:

你们瞅着我,

我永远,永远纯真。

（加夫列拉·米斯特拉尔《对星星的诺言》）

  孩子们大约不能理解老师朗读《对星星的诺言》为什么那么感动。他们不知道,他们看向我的,就是星星的小眼睛。他们更不知道,虽然永不能做到,永不能让自己满意,每天每天,老师都在向他们保证:"你们瞅着我,我永远,永远纯真。"

2013 年 3 月 20 日

迎春开过桃花开

一

边批阅边记录，全部阅完整理"批阅记录"：同题材的归为一组，比如放风筝、打乒乓球、看桃花、做手工；独一且有趣的题材须大力表扬，比如郭恒祎居然洋洋洒洒写成一篇《查词典》：一段写词典迥异字典的雄伟外貌，一段写"一"字下面居然有44个词条，一段解释教材要查的三个词语"流线型""大腹便便""绅士"。

如此这般，才有了字斟句酌，有句评、有段读、有精彩片段讲述的正式表扬。今天表扬22名同学。教师作用于孩子的，不仅是指令和讲授内容，更有教师的"内在精神"，也就是心念。孩子对点评的期待以及点评所具有的激励作用——主要源于这种心念。

"吴轻飞，你也写春天了，可是你的春天是浮光掠影的漂亮套话。燕子筑巢、大雁归来；桃红柳绿，梨花雪白；还有畅想春天，畅想未来——长倒是长，可是空洞。为什么？因为你没有把目光真正放到一树花、一片草上。有没有这份心，别人是一读就知道的！所以你要学习李伟航，尽管他成绩不如你。否则，慢慢地你就长不过他了。"孩子心领神会。毕竟，她是看云得意弟子之一！这是发生在走廊上的课间对话。

"呼！"一个男生从身边跑过，老师一把揪住："课间不许狂奔！又是大润发！你这是第几次写大润发了？再写吃喝逛街，就罚你抄书。"偷懒的家伙吐吐舌头、缩缩脖子。

这是点评的延续,其实就是见缝插针的职业病。当事人及四围听到的同学由此可以相信:他们用心或不用心写成的日记,老师都用心读过,并且记在心里。

二

和"迎春花开满眼金"的上周不同,这周日记"桃之夭夭"。其中最得老师激赏的是李伟航的《桃花》。括号内容为点评记录:

一进森林公园,一股奇异的清香扑鼻而来。我为了看个究竟,连忙跑过去。啊!原来是一大片桃花盛开了。这时我才记起是三月了。(是不是觉得耳熟、亲切?对!这一句让我们想起叶圣陶的《荷花》。学生背:"过了好一会儿,我才记起我不是荷花,我是在看荷花呢。"老师板书并解释"化用"。)

桃花已经开了很多了,树叶儿却长得很少。原来叶子看见盛开的桃花貌比西施,美赛嫦娥,不由得急了。心想:"不好!她比我美,我要被她打败了!"叶子们就开始拼命往外挤。(哈哈!亲切吧?自豪吧?大约只有我们这个班才知道"貌比西施,美赛嫦娥"这些词从哪里来!"《路经女儿国》!"学生嚷。老师背:"八戒在旁边,掬着嘴,偷偷看那女王,真是貌比西施,美赛嫦娥,不禁心头撞鹿,口水流了老长,一时间骨软筋麻,站在那里发呆。)可是要挤出来很难!因为枝条上的桃花密密麻麻、数不胜数。所以,树叶儿才挤不出去。看!叶子只好安静地待在树枝里面了。(枝条里的树叶其实是看不见的,但是他却说看见了,我们似乎也看见了!为什么?因为我们除了用肉眼看,还可以用心去看见。这样的看见,才了不起呢!)

有的花儿已经全开,露出精致的花蕊,花蕊不计其数,不过中间一根与众不同,因为它上面的球大一点,这个花蕊就像一个亭亭玉立的公主,旁边花蕊全是美丽的舞者,正在翩翩起舞。公主正得意洋洋地看着呢!五片花瓣是她们的舞台,萼片托着舞台。

我希望你们都去看看桃花,再过一个星期可能就要落了!

还记得那个"不管是盛夏酷暑,还是寒冬腊月,总是步行两三公里来学校"的小男生吗?感谢勤于带孩子去森林公园的父母!这是足球小子眼中的桃花,这更是好斗的男生劲头在灼灼桃花上的投射。

三

再看女生的兰花。杨羽西的语言安静、朴素,因为亲情的融入,兰花更加迷人。老师自己是深爱兰花的,所以格外喜欢这篇《我家的兰草花》——

每年的清明节我们都要回老家一趟。爷爷有几次都挖了几棵兰草花回来种到院子里。现在我家的菜地里已经种了九棵兰草花了。这些兰草全都三三两两开了花,有的花苞饱胀得立马就要开放了似的。花苞长长尖尖的,爷爷告诉我这叫"兰花剑"。每天上学和放学我都会闻一闻兰草那迷人的香气。

兰花是我国特有的花卉,也是我国十大名花之一。兰花香味清雅,姿态清秀,一直为古代诗人画家所赞赏。

兰草花不像牡丹、玫瑰、菊花那样开得鲜艳。兰花盛开的时候也始终是淡淡的，可是我觉得兰花美丽极了！我喜欢兰花。

四

　　三年级开始，越来越多学生日记是在为教师做"课堂实录"。尤毅晗、朱城宇都写到了"春分"。读着朱城宇的"左边""右边""上面""下面"，老师看见了自己板书的"地球公转示意图"。是的，"左边""右边""上面""下面"不够准确，然而对于这个阶段的孩子来说，这是可以生长的图像化的种子——而不是固定和僵死的概念。

　　还记得那个带着儿子在家朗读《一粒橡子的奇遇》的母亲吗？感谢朱城宇的母亲！我竟没有听说春分有竖鸡蛋的玩法！"竖鸡蛋"是否有据不重要，重要的是孩子把"这样的母语课堂"带回家，重要的是父母参与"这样的母语课"，为之注入亲情、活力与生趣。

　　今天，第一节课，薛老师说今天是春分。老师说："地球自转24小时是一天，地球绕太阳公转一圈是一年。地球转到左边正中间时，也就是春分到了。春分这一天夜晚和白天时间相同，秋分也一样。地球转到太阳上面时就是夏至，夏至这天白天最长，晚上最短。太阳转到右边正中间，就是秋分。转到太阳下面，就是冬至。冬至这一天，白天最短，晚上最长。所以那些日子我们还没有放学呢，天就暗下来了。还有所有的分和至都是20或21、22日。"我想：春分一定多多少少有游戏吧？回家后我把老师说的都告诉了妈妈。

　　妈妈说："春分是有游戏的，其中最好玩的就是——

竖蛋！"

咦？我问："这怎么个玩法啊？""就是把鸡蛋竖起来就可以了。"妈妈说，"失败者很多，成功的也不少呢！"

真是太好玩了！

五

需要感谢的不只是父母。如今，残酷的学习压力加上恶劣的安全环境，把很多爷爷奶奶培养成对奥数都略知一二的全才！这是高浩然同学日记令人动容的时代背景。

"风波平息得很快。"语出巴德·舒尔伯格《我的第一首诗》。"风波平息得很快。爸爸毕竟是爸爸呀！"不仅如此，在那篇贴近孩子的文章里，"巴德的哭泣"相当真实细致，所以老师知道：高浩然的这一篇，受《我的第一首诗》影响很深。《全阅读》对孩子的习作帮助甚大。

"我是一只盲眼的老蜘蛛！"电话里，看云得意洋洋地向朋友吹嘘，"每一孩子的好句子、好开头、好结构我都知道灵感来自哪里，受到哪一本、哪一篇的滋养。因为，那张滋养孩子的网，是我用心为他们编织的，是从我里面吐出来的，一丝最细小的颤动，我都知道来自哪个方向！"

爷爷奶奶回老家

高浩然

这个星期五的中午，我们吃完饭，奶奶送我到学校后就走了。

中午吃饭的时候，我不想让奶奶爷爷走，可是奶奶说："不行，我们要给太太上坟。"我还是不让奶奶走，奶奶又说："我们过几天就回来了。"突然，我的泪水滴滴答答地掉下来。止不住的泪水痛苦地往外流，奶奶又重复了那一句话："我们过几天就回来了。"我愤怒地说："过几天，过几天，还不是要过几天吗？"接着，我又哭了起来。风波平息得很快，我和奶奶踏上了去学校的道路。

到了学校，我跟奶奶说："快点回来哦！"奶奶说："嗯。"就这样，奶奶渐渐地走远了。

我非常思念爷爷和奶奶，真希望他们明天就回来。

六

"我希望你们都去看看桃花，再过一个星期可能就要落了！"

这是童心对季候的敏感。迎春开过桃花开，春分过后是清明。感谢斯坦纳！因为华德福，季候古老而永新的韵律如一股能量的暖流，柔和融入孩子的生命，滋养孩子，也滋养了老师。

2013 年 3 月 25 日

水 和 岸

一

  三年级起测试有习作，可巧我们没有两节相连的语文课！以此为由，单元测试只考基础知识部分，用时一节课；"习作"则提前在教师指导下当堂完成。归根到底，习作能力不是考出来的，而是在教师帮助下"沉实用心"地写出来的：充分指导在先；胸有成竹才动笔；全体拥有统一且充裕的习作时间；全体置身教师督导的专注氛围；"心往一处想"的努力令大家于静默中互相支持……如此这般，一篇接一篇就是"一步一个脚印"步调整齐往上行。测试的紧张和匆忙令孩子难以沉下心来。对慢孩子来说，这样的测验是对失败的重复，也是对成长的错过。好的习作需要定力和信心，好的习作教学能够培养定力和信心，过多、过早的习作测验将扼杀这份尚未长成的定力、自信。

  不着急。让孩子慢慢地长，真实地长。

  将习作分开还有一个原因，就是舍不得孩子考得太累。那种累，是有肉心的人一眼就能看见的。

  "不信你也两节连着考一场试试看！"小安说，"一张卷子做下来，不论成绩好坏，孩子个个都累得精神蔫巴、元气小伤！所以测验真的不能频繁。作文也最好分开做。得到呵护的孩子实力更强，这跟长身体是一个道理。"说这话的时候，正是去年冬天。极寒的日子里，两堂课考下来，六年级的孩子个个手脚冰凉。身为母亲的安，格外心疼她的学生。

二

　　妈妈的生日快要到了，孝娟想：今年给妈妈送什么礼物呢？她带好零用钱，来到花店……

　　接下来会怎么样？请你接着写一段对话，注意正确使用标点符号。

这是第四单元测试卷上的习作题，意在考查学生是否掌握对话的写法。如果训练目的仅仅着眼于"冒号、双引号的使用方法"，习作大约会成为孝娟与店员之间没话找话的闲扯。没话找话其实最难写！关于方法的"纯粹训练"不需要心灵参与。心灵不在的地方，"方法"无法产生品质。这就是这一篇关于对话的习作格外需要老师指导的原因。

给妈妈的礼物

孝娟　零用钱16元

百合　康乃馨　玫瑰　富贵竹　满天星

快乐　母亲，我爱你！　幸福美丽　富贵　感恩欢喜

10元／枝　10元／束　2元／朵　2元／枝　4元／束

这是课间写成的板书，一圈女孩子照例叽叽喳喳围观过来，七嘴八舌炫耀着她们知道的花语。

"百合代表纯洁、快乐还有……"

"和谐、如意。"老师补充。

"康乃馨代表健康！"一个孩子望文生义道。

"不，康乃馨是专门送妈妈的！"另一个孩子更正。

"玫瑰代表爱情。"

"爱、幸福和美丽!"老师努力让花语靠近儿童生活。

"富贵竹代表发财!"

"有钱只能得一个'富'字,却算不得'贵'。让人高贵的是学识、道德和修养。'贵'是更加难得的福气!"老师边写边说。

"满天星是什么?"终于遇到不懂的了。

"插在花束后面作为陪衬的植物。分枝很多,叶片细长,白色的花朵像星星。给人的感觉很谦虚、很亲切、很安静,所以专门用作陪衬。"

"哦!我见过!""我也见过!""原来那就是满天星啊!"

"满天星代表亲密、欢喜、关怀,表示甘愿做配角,还表示对自己得到的关怀十分感谢。"

"好可爱的满天星哦!"

这是女生。男生呢?下课铃一响,全都呼啸而去了。

三

"《给妈妈的礼物》,这是明天要考的作文,写得好的明天就不用写了,写不好的明天还要写!"

他们都笑了,他们知道老师是在吓唬他们。他们知道老师不会让他们写不好或不会写的。

读试题。"接下来会怎么样呢?"

沉默。老师开口:"明天就是妈妈的生日,孝娟带上所有的零用钱,一共16元,去花店给妈妈买花。一进店门,孝娟就被眼前的鲜花迷住了。她一边看,一边读着各种花卉的价格:'百合10元一枝,康乃馨10元一束,玫瑰2元一朵,富贵竹2元一枝,满天星4元一束……这么多美丽的花儿,我该买什么呢?'这时,店员阿姨走过来,亲切地对她说：'这要看你送给谁了。''明天是我妈妈的生日。''哦，你刚刚看过的这几种花都合适。'店员开始介绍——"

孩子们很自然地开口替店员说话了。因为板书提示，因为有些女生真的知道。

"花店里的花真多啊！看看这一朵很美——"

"看看那一朵也很美！"学生接茬。是课文《荷花》里的句子。

"孝娟摸摸口袋里的 16 元钱，这是她所有的零用钱！该买什么花呢？如果你是孝娟，你怎么办？"

"我买一枝百合，两朵玫瑰和一枝富贵竹，"王林森说，"我祝妈妈快乐、美丽、富贵。"

"我买一枝百合，一束满天星还有一枝富贵竹。因为，我对妈妈的爱像星星一样又多又纯洁！"刘瑞说。

"我买一束康乃馨，剩下的 6 元全买玫瑰。"俞权说，"我希望妈妈健康、美丽！"

"我也买一束康乃馨、三朵玫瑰。我妈很爱美。道生一，一生二，二生三，三生万物。三朵玫瑰能让妈妈美丽美丽更美丽！"王浩说。

"我妈也是。我 16 元全买玫瑰！8 朵全是玫瑰！我祝妈妈永远美丽！"骆慧娟吵架似的说。

"好！"老师赞道，"真是有孝心，真有创意！我是老板，我被你感动了，我再送你一枝富贵竹！"

"我妈妈……""我妈妈……""我妈妈……"

"开始写吧。"老师说，"已经过去 10 分钟了。当堂完成很容易，只要心中有真爱！"

"呃！"轻轻欢呼一声，各自奋笔疾书。

可以想见，每一个孝娟都感动了老板，从而得到赠礼。

四

"不能为了写话而写话。每句话都要有实在的信息和感情。""有关购买的话题,最好写到钱的规划和使用。这样的文章才有质地。""把自己放进去,写出你对母亲的了解与祝福。如此作文就是有温度、有生命的。"这是写好这篇"代拟文"的诀窍。然而,如果你这么给他们说,基本没用!

看云的指导是不落痕迹且裹挟情感暖流的,这样的指导同时也是一种狭隘的限制。然而,恰是这种具体的"设定",能把孩子带进真实可感的情境,从而把"自己放进去",让感情流出来。

水,由于岸的约束而优美地流成了河。

五

语言是存在的本质。写作就是说话。有哪一个热爱写作的家伙不曾用心琢磨对话的写法?对话让读者竖起耳朵,令文章多出一个进入读者的感官通道。这是看云特别喜欢写对话的原因。想写好对话就需要多多吸收优质、经典、干净的对话。最好的吸收是朗读——通过声音吸入对话,吸入作者的内功。

《西游记》最迷人的其实是一行四个大男人的对话。吵吵闹闹,婆婆妈妈;钩心斗角,夹枪带棒!要想体会其中真味且习得其中真功,最好是放声朗读——最好是老师带着孩子在教室里放声朗读。"出家人行善,如春园之草,不见其长,日有所增"!一天两遍,由生而熟。越读越顺的孩子,那么一股日有所增的成就感、自豪感——在这里无法用语言传达,全都在他们琅琅的书声里了!

　　八戒悄声说:"这观里有件宝贝,你可晓得?"悟空问:"什么宝贝?"八戒笑道:"说给你听,你不曾见过。

拿给你看，你不认得。"悟空不以为然："你这呆子想笑话我老孙？老孙五百年前访仙学道时，曾云游天涯海角，什么宝贝没有见过？"八戒说："人参果你见过吗？"悟空一惊："这个倒是真没见过。但听人说，人参果就是草还丹，人吃了长生不老。不知哪儿有？"八戒说："就在他这观里。那童子拿了两个给师傅吃，那老和尚不认得，一口咬定是未满三朝的孩儿，不曾敢吃。那童子真是十分混账！师傅不吃，便让给我们。他们却瞒住我们，刚才躲在这隔壁房中，一人一个'喀哧喀哧'吃掉了，急得我到现在还在流口水。我想你有些本事，到他那园子里偷几个来尝尝新，怎么样？"悟空说："这还不容易？老孙去，手到擒来。"急转身，回头就走。

（《偷吃人参果》）

听听！这样的情节和对话，这样的韵味和劲道，孩子能不喜欢并充分吸收吗？这周朗读一、二两段，下周朗读后三段。《全阅读》下卷《西游记》共六篇。看云决定：就这样咬定青山，哪怕12周，我也要带他们读熟六篇《西游记》。

2013 年 3 月 28 日

看到，听到，触到

一

12 日是母亲节。孩子日记多有所涉：唱歌、敬茶、做贺卡、和父亲一起为母亲买礼物……老师朗读吴轻飞同学的《第一次为妈妈洗脚》。"洗脚"太常见，然而细节（下划线所示）却赋予这篇日记以真实的感染力。

母亲节到了，我在报纸上看到了好多小朋友为妈妈洗脚，<u>我下定决心</u>，决定试一试。

<u>我先让妈妈坐下，找出脚盆，往脚盆里倒水，然后试试水温</u>，就让妈妈把脚给我，我来帮她脱袜子。脱了袜子，我惊呆了——<u>妈妈的脚竟然和我的脚差不多大</u>！上面有许许多多似蚯蚓一样弯弯曲曲的血管，<u>脚趾骨是那么的突出，皮肤是那么的粗糙，脚后跟的那块皮已经磨成茧了</u>！啊，我不禁想起妈妈抱着我走过的路。生日那天，我们去吃烧烤，也去溜冰，我累的脚都软了，可妈妈说，只要我快乐，她就不累。<u>我一遍又一遍地摸着妈妈的脚</u>，看着妈妈，我们都笑了。

以前，<u>妈妈不知为我洗了多少次脚，今天我简单地为妈妈洗一次脚，她就心满意足了</u>。我不禁想起了唐代诗人

孟郊写的一句诗:"谁言寸草心,报得三春晖。"

"袁文轩,现在知道你的日记差在哪里了吧?去掉祝福短信和整首《游子吟》,还剩什么?"

"知道了……"胖胖的孩子点头。这是当众开小灶。

再向全班面授机宜:"什么是好作文?就是真、实、小。就是认真看、认真听、认真做;然后呢?然后让我也看到、听到、触到。你们是云门弟子,我不要看到这种东西——"暂停,换成略带夸张的朗诵调:

"友谊是花朵,给我的生活带来清香;友谊是火焰,让我在严冬感到温暖;友谊是灯光,让我在黑暗中看到光明……废话!开门见山,照直写你和朋友发生了什么事!春天是生机勃勃的,因为百花盛开;春天是热闹非凡的,因为百鸟齐鸣;春天是前程无限的,因为春天孕育着丰收。这让我想到自己要走的道路……泡沫!一句实在话也没有!盯住一朵花、一株草,给我实实在在地写!啊!母爱是高山,给我坚强的力量;母爱是大海,让我心胸开阔;母爱是草原,教会我温柔体贴!童年是小河,那些趣事像河中的鹅卵石;童年是天空,那些趣事像闪烁的星星;童年是草原,那些趣事像鲜艳的花朵!今天,我要给大家讲的就是一件发生在童年的趣事!"

"呵呵……"他们都笑了。笑声宣判了"这种东西"在这个班级的命运。

尤其值得注意的是,这样的漂亮垃圾往往首先出现在好学生的笔下,而他们也是从所谓优秀作文中学来的。比如"春天是……"和"友谊是……"就分别来自吴轻飞和黄昕茹的日记。可见假、大、空的精神污染严重到什么地步,可见一不留神首先成为"空心人"的就是优秀的孩子。

实实在在,教作文首先教的就是看世界的眼光,教阅读首先教的就是看世界的品位。

认真看、认真听、认真做——真的很费力！相比之下，套话反而容易学来。然而——"记住！容易走的都是下坡路，我劝你们还是选择比较辛苦的上坡路"。

二

我又发动第二轮进攻，受伤的苍蝇乱飞乱撞，真是一只"无头苍蝇"啊。突然它一转身，向客厅逃去，我紧随其后，可是它一转眼就不见了。我在客厅里找啊找，它像"隐形人"一样不见了，正当我以为它逃之夭夭的时候，我眼前一亮，哈哈！原来它躲在窗帘后面，它趴在那里浑身发抖。这时，我想，虽然它是一只害虫，可它毕竟是一条生命呀，于是我打开窗户，给了它两个选择，我还没来得及赶它，它就自作主张地飞走了。

（郭与然《擒蝇记》）

我们把钓龙虾的饵放入水中，过了一会有虾子了。虾子拉得木棍都摇晃了，轻轻地拉上来拉不动，用力拉它又跑掉了。不过有的贪吃的虾子，把它提到岸上，它的嘴巴都在咬着肉，像这样的大龙虾，我就给它取名为"贪吃鬼龙虾"。我非常不喜欢这样的龙虾。说话间，妈妈钓到一只小麻虾，不一会儿爸爸钓到一只螃蟹，我钓到两只米虾。

（俞权《钓龙虾》）

美术课到了，我拿出一个乒乓球，上面用一张剪好的小圆片做了一顶小帽子，再用一张剪好的长方形卷成圆筒做身体，一张细纸条做裤带……哈哈，一个威严的"士兵"小人就做好了。

　　一回到家，我就迫不及待地拿出小人，往他手里塞上一张纸条，上面写着："祝妈妈越来越苗条。"我还剪了两个小纸人：把纸折叠，先剪出眼睛。然后乱剪身体，只要不把身体剪断就行。剪男生就把肚子上剪掉的纸片贴到他的头上，做成头发状。剪女生也把肚子上剪下的纸片贴头上，再剪两个月牙状的小辫儿。

　　我把做好的礼物送给妈妈说："妈，这里面还有好多惊喜哟！"妈妈仔细地找了一遍，终于在"士兵"的手里找到了小纸条，在身体里找到了小纸人。妈妈不停地谢我，还夸我做得好呢！没想到，平时妈妈为我付出那么多，我就做了一个小人她就那么开心！

（李想《母亲节的礼物》）

　　这是充满动感的男生日记。郭与然日记显示诵读《西游记》的好处，麻虾、螃蟹、米虾、贪吃鬼让俞权日记有了质地，李想则让老师彻底见识到什么叫作"文如其人"，什么叫作"风相气质"。

三

　　刘瑞的《一人在家》，李雯琪的植物观察系列，李晨曦的《西瓜》……今天得到表扬的有21名同学，原因很简单——老师再次说："因为这些同学认真看、认真听、认真做了；因为这些同学让读日记的老师也看到、听到、触到了！记住！真、实、小，这就是写好作文的秘诀。这很难，但绝对值得努力！因为一星期只写一篇；因为每一份努力都会进入文字，打动人心。直到现在，我还记得李晨曦同学写牵牛花的一段话：'牵牛花的小喇叭原本是朝着太阳吹奏的，这几天总是阴天，可是牵牛花依然认真地开放着。'为什么这样的话能打动人？因为这里有用心看、用心听、用心做的努力！容易走的都是下坡路，连篇成段的空话，会让你们失去成长的力量！"

看到，听到，触到。为什么不说"想到"呢？

三年级的孩子，你可以引导他看、听、做，但是不能引导他们反观并记录自己内心活动。因为时候不到，也因为这个年龄的孩子还生活在情感的梦中。过早唤醒是残酷、不明智的。当欢喜、恐惧、忧虑降临时，孩子自会道出。目前的成长焦点是对看、听、做的真实体验、真实记录。第一步没踩稳之前，不要迈出第二步。

为什么盘古能有开天辟地的创造？两个原因：一是盘古睡足了，第二是盘古够孤独。

2013 年 5 月 13 日

写真，写实，写小

一

"薛，马上是你的语文课吧？"

"对。领导什么指示？"自命的副班主任问班主任。

"每班要交5篇'中国梦'征文，你布置指导一下吧。"

"没问题！"

二

心　　愿

记叙文　　真　　实　　小

"看得懂吗？这是什么意思？"

"这节课我们要写作文。""题目是'心愿'。""写记叙文。""要写真、写实、写小。"七嘴八舌，小和尚念经似的回答。

"难不难？"

"难！"

"那就听我说。"

下面顿时安静下来。期待与聆听的安静中，老师柔声说道："星期五的晚上，已经八点了，我还没有出去散步。一般七点多我就出去了。为什么到现在还没出去呢？我在等，等孩子从北京家里打来的电话。"

停一停。

"丁零零……电话铃响了！我急忙拿起话筒。'妈妈，你好啊！还没出去走路啊？'话筒里传来孩子阳光灿烂的声音。'呵呵，小屁孩儿！你明知道我在等你电话。今天什么时候到家的？''七点多就到家了。我们自己做饭吃的，刚吃过就打电话了。''做的什么菜？''嗯——笋干烧肉、大蒜炒茼蒿、鲜贝百合汤，还有一盘小河虾。'"

"真能干！"孩子们听得津津有味，他们脱口而出，和老师一起赞叹。

"就这样，絮絮叨叨说了十来分钟。放电话之前，又一次叮嘱：'早些睡觉啊！平时找机会运动啊！不要连着熬夜啊！多吃蔬菜水果啊！工作中间记得站起来走动啊！……'"

"呵呵！"孩子笑了。学着老师的口气，"早睡觉啊！多吃水果啊！……"

"从小到大，我都无比重视孩子的休息和运动。我们的家规是：绝不为了成绩牺牲休息和运动！孩子上大学之前，每天都有出汗的家庭作业，就是每天都要出一身透汗。寒冬腊月的下午或傍晚，他从外面运动回来，一进门就脱衣服，露出热汗腾腾的光膀子，换上干爽的内衣，然后吃饭、学习。"

"哇！好帅哦！"男孩子羡慕地喊起来。

"可是，自从孩子工作以后，基本就没时间运动了。不仅如此，星期一到星期四的晚上都要工作到十点多。他已经快有一年没玩球了！他是那么喜欢打篮球、踢足球！我好心疼我的孩子！我希望他不要这么辛苦，我希望他和从前一样，每周能打几场球。"

"唉！""就是啊！就是啊！"男孩们叹息着，充满同情地看着老师。充满同情的安静中，老师点题："我的心愿是：希望我的孩子工作不要太辛苦，有足够的睡眠，能够经常运动。"

"听出来没有？文章分四段，内容分别为：等待、通话、回忆和心愿。"

分段再说一遍。

之后，又讲了一个对学生的心愿："……希望胡景博同学认真完成作业。"

10 分钟过去了。"开始写吧。"

摩拳擦掌、奋笔疾书，用半个小时写出各自心愿。胡景博希望自己以后认真完成作业。王瑞熙希望同学们以后都认真完成作业。这两个可爱的孩子！他们的《心愿》基本是对教师讲述的转述。然而，你怎能说他们是在取巧？其中真挚，令人动容。

三

一天俞权到太爷家楼下来找我："徐真松，下来玩。快一点！""知道了，马上来。"于是我立刻就下楼了。

"喊我下来玩什么呀？"我问俞权，俞权说："我们来踢球呀！你先守门，我来踢，玩几次换一下，怎么样？""好啊，"我说，"从石头到垃圾桶是球门，足球撞上了不算进门，好吗？""好，你站好了我就射门。""好，不能踢到我的眼镜了。"

站好了，俞权就踢，我飞快跑过去，没拦住，唉！该我了，我又没射进。俞权说："你先练练吧，下次再找你。"

我真希望我的足球能踢得更好一点，那样就不会输得那么惨了。

（徐真松）

每到星期六,我都会有一节小提琴课。快要到六一儿童节了,我该和谁合作《让我们荡起双桨》这首曲子呢?

我日思夜想,可就是想不出和谁合作。咦!正好薛老师会吹笛子,而笛子和小提琴在一起一定会很好听的。六一儿童节越来越近了,我天天练,天天练……等把那一手曲子练到倒着拉都行的时候,我就可以和老师一起合奏了。可现在我还只能把心愿憋在心里。今天当老师发下了作文本,我就提前写下了我的心愿。

其实,我的心愿不大,只要在六一儿童节那天,和薛老师合作演奏一首《让我们荡起双桨》,我就心满意足了。这就是我的心愿。

(袁文轩)

爸爸每天晚上都是八点多钟才能回来,有时更晚,我真的好心疼,我就问了一下:"爸爸,您能不能晚上早点回来?"爸爸说:"不行啊,这都是为了让你过得更好。"

可是从那以后,爸爸还是那个时候才回来,有时为了多拉一趟货,好晚才回家,当我写完作业后上床睡觉的时候,爸爸这时才回来。我看到爸爸满头大汗,就说:"爸爸您辛苦了,去洗洗脸和手,快吃饭吧,现在您肯定很饿吧?"

我过生日的那天,我是多么希望爸爸能够早点回来,给我庆祝生日。可是爸爸还是在八点多钟回家。可我并不怪爸爸,我非常理解爸爸的辛苦。当大家唱完《生日歌》吹蜡烛的时候,我闭上眼许了一个愿望,许完愿望后,我就告诉了爸爸,爸爸听完后感动地说:"我的好女儿,我以后争取早点回家多陪陪你好吗？"

当爸爸知道我的愿望后，每晚比平时回来得早一点，这样爸爸就有更多的时间陪陪我，有时还在小区的操场上打一会儿羽毛球。我的心愿终于实现了，我认为我在这个世界上是最幸福的。

我的愿望是：爸爸每天晚上早点回家，不要在外面那么辛苦。

（程嘉玲）

"痛，痛，痛，哎呀，痛死我了。"我对着正在帮我梳头的妈妈叫起来。

每天早上梳头发都是最痛苦的时光，因为每天早上都要被妈妈折磨个十几分钟。妈妈梳头发的时候，也不管三七二十一，就一直往下梳。爸爸经常对我和妈妈说道："你们安静一点儿，行不行？我烧个饭都不安心！"妈妈就会反驳道："头发分明就很难梳的，有本事你来梳梳看。"

虽然我之前已经把打结在一起的头发梳开了，但是妈妈还会说："哎呀！这样梳好像又太高了；哎呀！这样梳好像又太低了。"于是每天早上我梳个头发，都需要很长时间，还好我早上起得早，不然，上学真的要迟到了！

我的心愿就是妈妈梳头的时候，能够轻一点，快一点，让我利用这个时间，多吃一点早饭！

（杨羽西）

星期五的晚上，我一直在等爸爸回来吃晚饭。"丁零零！""爸爸，你怎么还不回来吃晚饭呀？""我在外面吃。""又在外面吃，你已经第五次在外面吃了。""我会在七点半前准时到家的。""一定准时!""好的。"

到了七点半,爸爸仍然没有回来。我就打电话给妈妈:"妈妈,爸爸说他七点半回来,可是他没有回来!""那我打电话给爸爸。"说完,妈妈就挂了。

九点了,妈妈打电话让我下去。我下去了之后,看见爸爸躺在草丛里,妈妈正在拉爸爸起来,而且是一边拉一边骂爸爸。到家了,我拿起洗脸盆,倒上了热水,给爸爸洗脸洗脚。

唉!我的心愿是爸爸不喝酒,只喝饮料。

(王苏苏)

以上是看云选出的 5 篇"中国梦"征文。

关于教师范文,个人以为一定不能是对孩子现有水平的模仿。这会令孩子沮丧。这与父母与婴儿讲话要用成熟、优美、完整的语言,不能模仿"婴儿语言"是一个理。老师不要假扮孩子的眼光和语气,对于这种"假",孩子能够立刻识别,从而拒绝吸收。

诚实反容易,作假费工夫。最重要、最有力的是一个"真"字——孩子能够理解、会被感动的"真"。比如《小黑板的自述》,其深挚、细腻的程度远远超出三年级孩子的表达水准,然而,恰是这种"打动心灵的超越性表达"能对孩子的感受力、表达力产生真实、深刻的引领作用。

2013 年 5 月 14 日

细节和修改

一

天气酷热，室无电扇。担心体弱的孩子会中暑。

"今天是三年级最后一次日记点评，今天老师好高兴！交上来的日记都很好！这么热的复习阶段，大家还能静下心来好好写，真让老师欣慰！在老师眼里，每一篇好日记都是一份礼物。谢谢你们的礼物！我们都知道：要想不空洞——"

"就写记叙文！"

"要想写得长——"

"多多写对话。"

"要想写精彩——"

"抓住细节写！"

这是喊口号。口号是必须和有用的。紧接其后的日记点评是落实，是"让口号成为行动"的努力。

今天一口气表扬23个孩子。怎样表扬呢？就是教师径直背诵日记中的"闪光片段"——细节。而"细节"，是最近三周以来日记点评的关键词，也是将来三年的关键词。

"什么叫细节？就是写细致、写实在；就是停下来仔细看、仔细听；然后让老师也看见，也听见。一篇文章，只要有了两处甚至一处这样'停下来'的地方，风景就美啦，人物就活啦，感觉就能传染啦，文章就发出光芒来啦！"

选择部分日记录到这里，是对三年级的纪念。那些经了老师的背诵从而成为勋章的"细节"，闪烁其中。很多观点以前说过，反复是我的需要，孩子的需要。

二

先看两篇男生日记，都是关于滑板的。在这里，看云特别想对同行和家长们说的是：两个孩子能够写得这么好，母语能力之外的一个重要原因是：李想、郭与然都是"身体运动需要"得到充分满足的真男孩！"一到六点半，我就拿着滑板冲了出去。"这样的孩子，尤其让人对于他们的未来充满信心！运动、休息、闲暇，这是老师最在意的事情。多么希望家长也一样在意！

惊险一幕

李想

还记得上次我写的滑滑板吗？这次我要给你们讲一些滑滑板时发生的惊险事。

一到六点半，我就拿着滑板冲了出去。哇！小区的主席台上已经有好多小朋友了。有刘子健、向正阳、王文瑄、邓贤扬……我赶紧往主席台上滑去。

到了主席台，我跟他们玩起了一人一家的撞击游戏。规则是谁先把所有人撞倒谁就获胜。

撞击开始了，我准备先撞邓贤扬。但一不小心前轮掉到主席台下去了，我用"蝙蝠狂舞"硬是把前轮"舞"上来了。我觉得太危险了，就叫小伙伴们到小区公园去玩。这是第一件惊险的事。

我们来到了公园，我觉得这里还是很危险。因为这里有好多狗屎。但我只好拼一把了。我先后退，然后拼命滑，到有狗屎的地方静止不滑，让滑板无声无息地穿梭，我终于闯过这个"鬼门关"了，刚刚真是吓死我了！不说了，这是第二件惊险的事。

今天的事是不是很惊险？但我仍旧期待着下次滑滑板。哦，时间过的真快，七点半了，我要回家了。再见！

滑 山

郭与然

"呼、呼、呼"，我上气不接下气站在半山腰上，看着山上的人们一个个挥汗如雨，但他们的脸上都露出了轻松愉快的表情。今天是星期天，爸爸妈妈来爬山，我来"滑山"。今天我带上山的是一块活力板。

"三、二、一，发车！"我沿着盘山公路向下滑，风在我耳边狂叫，我的上衣都要成斗篷了，我右手在前，向上弯着手臂，左手在后，伸直手臂，掌心向下打开，就这样向下滑，感受自由的滑翔。可是没滑多久，我就遇到了一个麻烦——路面是防滑的，我在滑的时候很颠，我感到我的脚指甲盖像是要颠掉了，嗓子颠得也很麻，我眼里的世界都在跳。在我快要支撑不了的时候，我看到了希望——平平的柏油路，震动马上就消失了，我"丝丝"地向前游行，就像水蛇一样。风吹着树叶，我滑着滑板，我与自然融为一体，我好享受啊！

三

观察日记是本班孩子爱写的内容。观察日记的写作训练,能够培养孩子对生活的热爱、对现实的辨识能力,直到六年级,观察日记都会是本班日记点评的固定节目。

  一阵阳光照进来,刺得我眼睛都睁不开了。我走了进去,哇!这就是房顶,视野好开阔呀,我看到了柏堰坝,从高处看柏堰坝,显得湖水蓝得像天空。我发现柏堰坝是一个C形的湖,旁边还有一个比柏堰坝小多了的池塘。咦?为什么房顶上还有花,可不是,一个角落里摆了几盆花,其中有一盆还开了粉红色的花,我想:可能是要净化空气吧。

(王曼林《楼顶上》)

  它们最喜欢的事情就是睡觉。有的时候成群地睡,有的时候单独睡。但是,大红和小红从来都是形影不离的,大花和小花也是形影不离的。如果你看到它们距离很远,那准是闹别扭了。不过,它们很快就会和好的。一天加一夜二十四个小时,有十六个小时它们都在睡觉。

  大红和小红都是红色的。但你走近一点儿看,它们身上有一些白色的小点儿。大花和小花是菊黄、白色、黑色、红色等颜色混和在一起的一种颜色。

(潘已欣《四条小金鱼》)

  "快看,有一只小龙虾!"我顺着她手指的方向一看,真的!有一只小龙虾像蜗牛那样高贵地、慢吞吞地过着马路。这时,一辆汽车驶来,我的心悬了起来,还好,小龙虾安然无恙。又一辆汽车飞快地驶来了,小龙虾再一次死里逃生。

这时,一个低年级的小男孩跑过来,他也发现了这只小龙虾。大概他觉得小龙虾过马路太累了,就用手把小龙虾的胡须拿起来。小龙虾张牙舞爪的,仿佛在说:"干吗动我,我要自己过马路!"

看着小男孩拿着龙虾走远了,我不禁为小龙虾感到担心。小龙虾会成为谁的一道菜呢?

(吴轻飞《小龙虾过马路》)

小泥鳅的身体是圆柱形的,尾端侧扁,鳞很小,还有黏黏的液体。背上也是黑色的,还有斑点,头小而尖,一般都是生活在河、湖、水田等地方的,潜伏在泥中。可是,我发现,泥鳅的嘴边还长了几对"猫胡子"呢!可真是有趣!

(杨羽西《红金鱼的新伙伴》)

我把萤火虫放进瓶子里,它受伤了,正想爬出去。我观察到它的身体也是一节一节的,头顶上还有一个小圆点,好像眼睛似的。我把灯关上,发现萤火虫肚子靠后的地方在发光,可是很微弱。接着,我开始玩萤火虫,我先把瓶子横过来,让它往出口爬。当它快要爬到出口时,再把瓶子猛地竖起来,它就跌了下去,我一直重复着这个动作。第二天早晨,我一看那只萤火虫,呀!死了!

昨天晚上,我在外面玩又看见了一只萤火虫,我没有去捉它。因为,它也是一条生命。

(曹可欣《萤火虫》)

一盆文竹上有很多枝子,每个枝子上都有很多细如毛发的叶子组成了一片文竹的大叶子，而且这大叶子前面尖后面宽。这些文竹就像竹子变小了，枝子一节一节的，它的小叶子有点儿像松树的叶子，只不过比松树叶子小一点儿。有时我要剪掉一些枝子，剪的时候让我想起了刚学的课文《剪枝的学问》里的王大伯。

爸爸跟我说文竹有可能是因为水浇得太少了而枯黄的。我知道文竹一般四五年才能开花结果，我希望我的文竹能活到四五年。

我现在的文竹，又有绿色又有黄色，让我想起了《橘颂》的"青黄杂糅，文章烂兮"这句诗。

（尤毅晗《文竹》）

四

看云重视培养孩子对父母的感情，每次点评都会有"亲情日记"得到表扬。老师相信，课堂上发生的事情一定会使父母、祖父母有所感应，从而"回向"到我的孩子，从而使孩子长得更好、更健康。

我妈妈的身体很胖，我每次都问妈妈："你这么胖，为什么生出的我就这么瘦呢？"一想到妈妈的身体，就想到妈妈的脸，因为妈妈这两个部位都很胖。妈妈的脸上长了青春痘，还有被恶毒的蚊子咬的包。

妈妈性格温和，每次遇到我和爸爸争论不休，妈妈都会劝解，告诉我和爸爸谁对谁错。对于我来说，妈妈就是我们家的法官。

（俞权《妈妈的样子》）

首先我准备了一张纸，把一个爱心形的叶子做太阳贴在最上方，用九个红色的叶子做太阳的光芒，再用两个很嫩很嫩的狗尾草做一个爱心，来表示我很爱爸爸。旁边用了一些小草做装饰，来表示我，象征着我在爸爸的呵护下快乐地成长。但纸上感觉还是少了什么，就摘了几朵蒲公英花点缀在上面，仿佛一个金色的小太阳，我特地在上面写了一行字："祝爸爸节日快乐！"

晚上爸爸下班回来了，我把《生日歌》改成"爸爸节日快乐"唱给爸爸听，我又拿出我刚刚做好的"植物大杂绘"礼物送给爸爸。爸爸开心得笑了起来，说："做得不错，谢谢你！亲爱的女儿。"

（程嘉玲《父亲节的礼物》）

从我记事起，姥姥每天都不停地忙碌着，家里买菜、烧饭基本上都由她来承担，真是太辛苦了！可前两个月姥爷又患上了病，家里的事情几乎一点都不能帮姥姥做了，这样姥姥变得更辛苦了！我看着她那头上的白发越来越多，心里有一种难以言表的难受。为了减轻姥姥的负担，我只要有一点儿时间，就来帮姥姥做一些力所能及的事情。姥姥就夸我说："你真是个懂事的好孩子！"我经常对姥姥说："要多注意身体！"她总是高兴地对我说："我的身子骨还棒着呢！等姥爷的病好了，即使我再忙，也很高兴呀！"

（何智豪《我的姥姥》）

五

毕竟临近考试，若干孩子写到了复习。最好的是这一篇：

期末考试前的复习

奚悦扬

期末考试快要来到了，同学们都在专心地复习，准备下周的期末考试，我也一样。

薛老师让大家学会自主复习。于是，我就按照老师的要求，开始自己复习。我先把课后的拼音仔细地看了一遍，接着，我请妈妈写几个字让我来注拼音。在写拼音的时候，我经常会把前鼻音和后鼻音弄错。我看了好几遍，才写对！听写生词时，我有两个字分不清，"奇异的景象"的"景"，我会写成"电影"的"影"。我把这两个词多抄写了几遍，这样就记住了！在写成语时，"烟波浩渺"和"一碧万顷"这两个成语不知道用来描写什么。妈妈告诉了我，原来这两个成语都说江、湖和海的水面十分辽阔，无边无际。但"一碧万顷"重点突出了水面碧绿一片，这两个成语还是有一定区别的。

我会按照老师的要求认真复习的，争取在期末考试时能考一个很好的成绩！

"你也写复习了，老师为什么表扬奚悦扬？"复述奚悦扬日记内容毕，看云问刘帅宇。

"我是流水账，她有细节。"闷闷的孩子闷闷地说。

"对呀！'景'和'影'的混淆，'一碧万顷'和'烟波浩渺'的区别——细节像眼睛，让日记生动起来；细节也像树干，让日记站立起来。否则，日记就是软塌塌的流水账。面目不清，无精打采。"

奚悦扬的日记深具"观赏价值"。那些可爱的修改符号：插入"∨"，删除"\"，词语替换（这个符号看云打不出来），调换顺序（我也打不出来）。像若干小花，羞涩地点缀于字里行间。

"孩子当然不是故意的！然而我要说，是这样的符号，赋予日记以生命和呼吸，也显示她有一位仁慈的语文老师。一篇作文，改过再誊写就能保证完全无误吗？站在高度正确、高度整洁背后的，是一个残酷的教师。多少宝贵的时光，多少写作的热情，就这样被消磨殆尽！所以要鼓励孩子一次成文，要允许作文有修改印记。"

6月15日上午，东莞朝天小学阶梯教室里，看云如是说。家长掌声雷动。

午饭席间，一位老师争辩道："可是新课标规定了，修改是孩子必须具备的能力，还有列提纲……"

"去他的新课标！我从来不屑一顾！"

意识到自己太过偏激，看云赶紧纠正："新课标规定的是要学会修改。我以为，恰是修改符号，证明孩子具备修改能力。考场上有时间修改誊写吗？如果考试都不必重誊，平时就更不必。现在的孩子静坐学习时间太长，我们要想办法解放孩子。再说新课标也是人定的，一直在不断修正和解释中。"

"可是自古以来……""可是新课标……""可是作为年轻教师……"

看云一时陷入寡不敌众的被动局面。

"拜托！行行好！别再强令孩子都打草稿！鼓励一次成文，实在差的才重写。相信我，这会让孩子更加认真，这对孩子、对您、对考试都有好处。"

中午一点，蒙蒙细雨中，车门关闭的一瞬间，看云对依依惜别的的同行大声恳求。何以如此？为了赎罪。看云从前就是一个残酷的人。

2013年6月17日

四
年
级

SI NIANJI

退缩与警钟

一

升入四年级,孩子的语言组织和叙事能力明显老到了不少。如果愿意,他们可以不太费劲就写得挺长。然而,这种看似悦目的进步中,却藏着浮滑或怠惰的倾向。开学以来两篇日记令老师明显感到:孩子们长大了,他们"对付"日记已不像三年级那样费劲——那样努力。这是成长过程中必然出现的低谷或退缩、停滞现象。

三年级以前的孩子尚且生活在感情的梦中,愿意随老师的呼号奋进;四年级的孩子开始从梦中醒来,他们好像明白了什么,看透了什么。这种醒悟可能带来学习力的提高,也可能带来懒惰型的顽固。老师虽不意外,却要直言不讳地敲响警钟——用与这个阶段孩子认知力相适应的方式。

切入点就是两周以来孩子普遍写到了"秋天来了"。

二

"很多日记读起来很长,很流畅。然而又长又流畅的内容是什么呢?是看了上句就能猜出下句的套话!'一片片树叶落下来,地上很快就铺满了黄叶。一群群大雁往南飞,一会儿排成个人字,一会儿排成个个字。'这句子怎么听着这么耳熟?而我怎么就一次都没有看到大雁?过去的这个夏天,南方是百年不遇的高温酷热!很多地方庄稼绝收，树木枯死。我明明看到：秋天来了，几场秋雨过后，已经枯死的草都转绿了，树上的叶子也多起来，好像春天回来了一样！"

"就是！就是！"孩子们热切地附和。因为他们真实地忆起了为时不远或正在发生的所见。

"还有——是谁写的谁自己心里有数！这次原谅你，下次我就要点名并罚你重写了！'田野里的庄稼成熟了。稻子金黄，高粱火红，成片的大豆摇起了铃铛。'请告诉我，你在合肥的哪里看到了高粱的火红、成片的大豆？合肥当然有稻子！但请一定告诉我，你在哪里看到的稻子？如果不远，我也想去看看。我们这里曾经就是大片的庄稼地，如今都'种'上了楼房。曾经站在阳台就能看得到的春天的桃花、秋天的稻子，如今我再也看不到了！请记住，以后只要写到田野景色，一定要写明什么时候，在哪里！如此，你的文章不仅真实可信，而且有质感、有生命！

"已经是四年级，你们应该比三年级更加有意识地用眼睛看进真实的景物，用耳朵听进真实的声音，用鼻子嗅出真实的气味。这样的看进、听进和写作，很花功夫、很费劲，远不如'大雁南飞''高粱火红'来得轻松顺畅，但是请记住：容易走的都是下坡路！老师会万分珍惜你费劲写出来的哪怕有些疙疙瘩瘩的日记。因为那是你诚实努力的果实。写真、写小、写实，这很难，但却能给你带来真实的成长。"

今日点评，老师朗读的都是"盯住一物"写的日记。

同时表扬若干记叙文。老师实在知道：整个小学乃至初中，考试都只考记叙文，记叙文始终都是孩子日记的主要类型。然而整个小学阶段，老师都会偏重鼓励、引导孩子"盯住一物"写。因为老师知道：状物文字最难写，也最考验孩子的定力、观察力。"一样东西"能够写好的孩子，"一件事"不仅不在话下，而且会写得独到。因为那孩子已然练就见人所不见的火眼金睛。

这就是四年级,"能力"提升的同时,"意志"仿佛退缩。老师要做的就是砥砺他们的意志,逼迫、敦促他们"回到"三年级那种奋发、努力的状态。及时敲响的警钟,是四年级孩子能够听懂的理性层面的警醒,更是贯穿整个小学阶段的挚爱情感的涛声。是这样及时又切中实际的警钟让孩子意识到:无论他们长到多大,老师都是深不可测和明察秋毫的。跟着这个老师,就别想懈怠偷懒。

　　那些点评和激励,孩子能听进多少,有多大作用,老师不确定。毕竟四年级,随理性醒来的,也是反感力或客观判断力、距离感。从四年级开始,孩子不再像三年级以前那样无条件地仰赖、跟随老师——包括父母。

　　一切只能尽力而为。老师知道:除了像看云这样热爱写作的人,多数人的习作能力迟早会在一个阶段停止进步。老师要接纳这一事实。然而,对于班级整体状态的停滞,老师是有责任的。

　　以下是今天朗读的几篇日记。括号里是老师的话。

三

西 瓜 虫

李雯琪

　　今天下午我在草丛中发现了一个小西瓜虫,好玩极了。

　　西瓜虫的胆子很小。你只要用一根小棒子轻轻地碰一下它,它立刻就变成了一个小小的像西瓜一样的球。

　　西瓜虫的样子很奇特。它的小脚细长细长的,就像一根根密密麻麻的小棒。(有这么粗吗?如果改成线呢?又似乎缺少了生命力。嗯,这是个问题。)西瓜虫的头上有两个小触角,不停地摇来摇去,好像是在找回家的路,又好像在找吃的。在西瓜虫的背上有一道道横向的鳞片,像一道道车轮印。鳞片的边上有一点点米白色。虽然它的背部有壳，但是，它的腹部全是软的。蜷缩成一个球状，就是为了要好好保护自己吧。（西瓜虫学名叫"潮虫"。老师的儿子小时候很喜欢捉来玩。回家从口袋里掏出满把蜷成小球的西瓜虫向我炫耀。那些聪明的虫，一落地就四散爬走。吓我一跳！）

你们知道这种小虫子的名字是怎么得来的吗？是因为蜷缩的西瓜虫身上的斑纹和西瓜上的斑纹差不多，所以，西瓜虫的名字就是这样得来的。

其实每一个小生命都有它们自己的名字，只不过我们有很多不知道而已。

石　榴

韦依池

石榴，一个胖娃娃，头顶上顶着一个"花苞"，身子红黄两色相间。石榴有时也会像调皮的小孩，玩着玩着就掉进了泥里，左一块黑点，右一块黑点。

石榴的"心脏"，其实是一颗颗晶莹剔透的"小珍珠"。那"珍珠"上面粉色，下面白色，中间是籽。从外面往里看，会看到籽的周围有一些丝向外面伸展，不仔细看不一定能看出来，"珍珠"有棱有角，从上往下看，像一颗闪亮的钻石。

石榴籽含在嘴中，一点味儿也没有，就在咬的一瞬间，那味儿，又甜又酸，回味无穷，那味道不敢相信！我咬来咬去，越来越小，到最后只有籽了，它淡黄淡黄的，小小的。（读到这里，我们是不是都想起了吃石榴的感觉？这一细节很好！好的文章，就是让你想起什么来了！）

中秋为什么要吃石榴呢？妈妈说："自己上网查一下吧！"于是我咚咚跑去上网查找，答案是：因其红似玛瑙，白若水晶，入口如晶粒玉浆，石榴便成桌上供品之一，象征长寿、团圆和吉祥……

于是我对妈妈说："我们今年中秋节吃月饼和石榴，一起赏月吧？""好的，我们一起吃石榴，赏月。"

桂 花

吴轻飞

秋高气爽，秋姑娘迈着丰收的脚步向我们走来了。秋天不仅硕果累累，而且花香阵阵。前几天，桂花就伴随着秋姑娘开放了，随着秋风散发出阵阵扑鼻的香气。

我知道桂花有金桂和红桂，金桂更香。桂花树的叶子是椭圆形的，可是两端又是尖尖的。<u>桂花成团成簇地开在一起，花有四瓣，伸手一摘，少的能摘到四五簇，多的能摘到十几簇，凑到鼻前闻闻，那一股浓香让人永远也忘不了。</u>（"簇"原本是一个量词，没有感情。但是，由于"摘"的过程和"闻"的感觉，量词也变得活泼、有香气了。）

桂花在秋天开，桂花树却是四季常绿的，是一种常青树，冬天的时候看着它，能给你感觉身在春天一样。

桂花不仅能泡茶，还能做成各种糕点。小朋友们还在桂花开放的时节，摘下一把桂花当成花雨撒在别人的身上，开心极了！

秋天不仅是丰收的季节，更是花的季节。

桂 花

李伟航

今天放学后,我哼着小曲走在回家的路上,这时一阵清香(明明是浓香!)扑鼻而来,我朝着香味儿飘过来的地方望去,只见一片桂花树,原来是桂花发出的香味,可是树上怎么一朵花也没有?走近一看原来桂花小姑娘正在和我玩捉迷藏,全都躲到树叶后面了。(这里有一个从被吸引到细心观察的过程。)

别看桂花小姑娘娇小,可是它却与其他花有些不同,别的花一般花瓣有五个以上,可桂花的花瓣却只有四个,(只有经常留心观察花朵的孩子才敢这样说。男生能够如此,尤其难得!)中心有两个像眼睛的小球球,像一个个调皮的星星,拼命地向我眨眼睛。桂花的颜色有很多种,大部分是红色和黄色,浓郁的清香(浓郁的香气!)百闻不厌,还能养心,还可以做桂花蜜、桂花糖……做出的东西又香又甜,好吃极了。它的叶子更是奇特,全是两个两个长,两片叶子长在一条线上,竟然还是轴对称图形。(老师看到的桂树叶子大多是四片一簇,两两对生的。)

我很喜欢桂花,不仅能养心,而且它的生长也有数学知识!

桂花香包

郭恒祎

"哇,好香呀!"(先声夺人,这是很占便宜的开头。教过你们无数次了。)

上午,在放学的路上,一阵阵浓香扑鼻而来。我转过身四处搜寻着,没发现什么,我继续走。(这一段可以和李伟航的感觉互证。）

　　到了家，我问妈妈："妈妈，你回来的时候，有没有闻到一阵阵清香？（是浓香！）""闻到了，怎么啦？""那味道真好闻，是什么香呀？""是咱们小区的桂花开了。""啊，太好了，我又可以做桂花香包啦！"

　　下午放学回来，我迫不及待地去寻找小区里的桂花树。仔细一找，我发现小区里还真有不少正在开花的桂花树呢！它们开出来的花，有红色的、黄色的，那些花儿紧紧包裹着枝条，一簇簇、一拢拢，争相在枝叶中表现着自己。我分别摘了几朵红桂花和黄桂花，仔细观察，除了颜色的不同，形状都一样，大小和米粒差不多。它的花瓣是四瓣的，和其他花不一样的地方是别的花瓣是下面小，上面大，而它呢，正好相反，上面小，下面大，模样很特别也很可爱。我凑近一闻，浓浓的香味有股臭臭的感觉，反而不如远远地闻起来清香。（哈哈哈，多么独特的感觉！）

　　我轻轻地采摘了许多桂花，回到家后，开始制作桂花香包。我先将桂花放到水里简单地清洗一下，然后把它晾干，最后用装喜糖的丝布把桂花装起来，（"装喜糖的丝布"的质感，就是这段文字的质感。细节赋予文章以生命。）一个香喷喷的桂花香包就做好了。

　　我把它挂在书包上，可是我闻花香，小虫子也闻花香，我的香包已经是小虫子做客的地方了。为了不让小虫子爬到书包上来，所以我不能带着香包上学了。哎！小虫子呀，你为什么不能去树上闻花香呢，老是盯着我的香包，害得我不能带香包！

2013 年 9 月 16 日

行你所愿

一

"按照自己的心愿设立一个节日。"这是教材第一单元习作题。

对于四年级学生来说,把心愿敷衍成文不是难事。首尾包裹以"只要人人都献出一片爱,世界将变成美好的人间",中间填以若干爱心场景——教参提供的范文《爱心节》就是敷衍的典型,游词、套话的典型。

不愿弟子敷衍。

如何做到这一点呢?找到自己的心愿,讲述自己的心愿,从而引导孩子找到心愿,表达心愿。

老师的心愿很多。但要找到适合讲给孩子的"那一个",还真花了很大的功夫,很长的时间。直到前天才确定讲述的话题。

二

上午第二节,先朗读课文《九寨沟》。直接进入要求背诵的第三段。

"这段分五层,一层一景。看准了,想好了。我们一层一层地读。该继续时朗声诵读,该结束时戛然而止!这需要智慧也需要勇气。请读第一层,开始!"

"一座座雪峰插入云霄,峰顶银光闪闪。"

"好帅,好干脆!这层写什么?"

"雪峰插云!"一个孩子说,这个词来自最后一段。

"帅呆了！请读第二层。开始！"

"大大小小的湖泊，像颗颗宝石镶嵌在彩带般的沟谷中。"

"嗯？"老师狐疑，他们恍然，紧接着往下读：

湖水清澈见底，湖底石块色彩斑斓。

就这样，适度的紧张、兴奋中，我们以朗读的方式分出五层：雪峰插云、湖泊美丽、原始森林、湖影如画、平湖飞瀑。

带着收获的喜悦，回头重读细品。如是几遍下来，原本难背的这一段，依然条分缕析，字清句爽。

"九寨沟号称人间仙境，因为那里有地球上正在迅速减少的什么？"老师提示性地问。

"原始森林。"

"可是，关于原始森林，第三段只有——"

"只有最短的一句话：从河谷至山坡，遍布着原始森林。"

"作者弄错了吧？这样写对原始森林很不公平吔！"

短暂的默读和思考后，一个男孩喊道："不是的，第四段写野生动物其实就是写原始森林！"

"为什么这么说？"

"没有原始森林，就没有那么多珍稀动物。""没有原始森林，珍稀动物就不会那样自由自在！"全班跟上。

"继续向纵深行进。"这就进入了也要背诵的第四段。

看云无比重视朗读，最灵醒的课堂时间从来都用于朗读。看云反对无指导的呆读。遇到要求背诵的内容，必划分层次、弄清结构。如此做不仅让背诵变得轻松，通过朗读以感性方式涵养孩子逻辑思维力。

三

孩子今天的朗读状态极好！看看钟，正好半堂课。

"读得真好！应该奖励你们一个故事。不，是一串故事。老师的故事，而你们就是故事的见证人。"

讲述是从今日早读开始的。是平淡的流水账，孩子却听得津津有味，就因为他们是参与者、见证人。

"早读，老师带你们做了三件事——"

"吟诵，日有所诵，《全阅读》。"

"《全阅读》我们重读了——"

"《肥皂泡》。"

"哦，吹肥皂泡是女生最爱的游戏！冰心写得实在是好！"

> 这肥皂泡，吹起来很美丽，五色的浮光，在那清轻透明的球面上乱转。若是扇得好——
> 一个大球会分裂成两三个玲珑娇软的小球，四散分飞。

有人翻开书。

> 有时吹得太大了，扇得太急了，这脆弱的球会扯成长圆的形状，颤巍巍的，光影零乱。这时大家都悬着心，仰着头，停止呼吸——

文字可以将生命吹进肥皂泡。这真实、柔弱得让人揪心的好文章、好文字！"如果吃透其中真味，这个肥皂泡对于孩子作文的帮助，几乎大过一本语文书！"办公室里，看云夸张地说。

> "不久光丽的薄球，就无声地散裂了，肥皂水落了下来，洒到眼睛里——使大家忽然低了头，揉出了眼泪。"

"然后我们初读《陀螺》。一团和气的鸭蛋竟然战胜了不可一世的大陀螺！"

"呵呵!'开裆裤党人'!"男孩大笑,女生窃笑。

"这就是我们的早读。吟诵、日有所诵、《全阅读》——每个早读我们都做这三件事,除了星期四是英语。知道吗?有两个早读是老师找王老师换来的。因为我太爱带你们朗读了。老师不能想象孩子一天的学习不从朗读开始。然后就是下课——"

"然后就是数学。"他们学着老师的口吻。

四

"是啊,然后就是数学,你们上数学的 40 分钟里,老师在干什么呢?"

"不知道。"他们很配合地回答。

"然后还是朗读。一个人对着录音笔朗读,读了多久呢?"老师从包里掏出一个红色绒布方兜,再从方兜里面掏出录音笔递给一个男生:"王宇翔,老师读了多长时间?"

"22 分 59 秒。"

"老师读什么呢?你们听。"

竖起耳朵,听到隐约的诵读。

"哦,这样的音量这么多人当然听不见。如果是一个人,这就足够。我从不用耳塞。"

"我也是!"

从包里掏出一本样子古旧的仿线装大书:《古诗文各体精选》。这是今年暑假,老师从吟诵中级培训班得到的宝贝。

"上节课老师读的是什么呢?现在我就读给你们听。"翻到那一页,老师动情地大声诵读:

跪敷衽以陈辞兮,耿吾既得此中正。
驷玉虬以乘鹥兮,溘埃风余上征。

> 朝发轫于苍梧兮,夕余至乎县圃。
> 欲少留此灵琐兮,日忽忽其将暮。
> 吾令羲和弭节兮,望崦嵫而勿迫。
> 路漫漫其修远兮,吾将上下而求索。
> 饮余马于咸池兮,总余辔乎扶桑。
> 折若木以拂日兮,聊逍遥以相羊。

听到这样的诵读,孩子定然报以忍俊不禁。老师对此有准备,然而,让老师诧异和感动的是:今天的孩子,全然不懂却听得专心致志。大约就因为老师流畅、动情的朗读状态吧?年轻的时候读不动也不耐烦读的《离骚》,如今却百读不厌。因为看云老了,隐约能够理解屈原了。这种包含在声音里理解,确乎能够引发孩子聆听、理解的渴望。"对于理解的渴望,让孩子懂得一半。"斯坦纳如是说。谁知道呢!也许他们觉得好奇吧?

凝神谛听的气氛中,老师停止了诵读。"这就是《离骚》。老师每段朗读8遍。先是全段通读;然后两句两句读,每两句连读3遍;然后四句四句读,每四句连读3遍;然后再全段通读。第二节课,当你们上数学的时候,我用22分59秒,就这样地诵读了三段《离骚》。然后我干吗?"

"然后你听,"他们说,指着绒布方兜上的蓝色丝带,"挂在脖子上。"

"是的,然后我听。但是在这之前我还要做一件事。"

一红一白,从包里掏出两个小巧精致的塑料药水瓶。"点眼药水。医生说了,我的眼睛高度近视。如果再不注意,视网膜会更加脆弱,一不小心就会脱落。那就彻底失明了!所以你们一定要注意保护眼睛!点上药水,闭上眼睛,听。这就等于——"

"又读了22分59秒。"他们充满同情和敬畏地说。心软的刘良宇居然揉起了眼睛。

"这是我正在使用的录音笔。除了这一个,"老师从绒布方兜里掏出黑色纽曼,"这是我用坏了的录音笔。"

没有"哇"的惊呼,今天的孩子和平常有些不一样。

"除了这两个,"老师从绒布方兜里又掏出一个银色东西,"这是我用坏了的第一个录音笔。看见绿绳儿没有?"

"挂在脖子上的。"他们轻声说,依然没有"哇"。

五

"老师爱朗读,老师爱爱朗读的人。李君华老师、李丽老师,她们整本整本地为老师朗读,好让我的眼睛得到休息。她们是老师最好的朋友。"

自语般的喃喃着,将三个录音笔归拢收进深红色的绒布方兜。从贴身的衣袋掏出优盘,插入"面包机"。到这时,孩子们几乎傻掉了!教室里静得出奇,秋雨潇潇中,老师说:"就在过去的这个暑假,李丽老师录下了一本书的朗读,因为那本书是老师的最爱。你们听——"

  K K K——旧书店
  所有人:卡尔·康拉德·科莱安德尔
  这是一家小店铺玻璃门上的两行字,可是,只有从朦胧的室内朝街上看,才能看出是什么意思。
  那是十一月的一个灰暗而又寒冷的早晨,天正下着大雨。雨水顺着玻璃直往下流,流过那弯弯曲曲的字母。从玻璃门外看到的只是映在上面的街对面雨迹斑斑的墙壁。

这是我挚爱的声音。这是我挚爱的小安。其时正值夏天的夜晚,二年级的妞妞就在一边静听。这也是母乳的滋养啊,多么幸福的母女!想起中秋前的晚上,躺在地板上听小安读《地海奇风》,一时特别想念，发信息问："干吗呢？"

"看《中国好声音》。"

"那有什么看头！你才是中国好声音呢！"

小安没有睬我。但她知道，看云说的是真话。

> 那些书的封面都是皮的，还闪着金光。在一道高高的书籍垒成的墙后面有一盏灯。偶尔可以看到那后面有一个烟圈在灯光中升起，越升越大，在黑暗中渐渐散开。

教室静极了。因为是在静夜，小安的声音干净、沉静有如窗外的秋雨。然而我们不能一直听下去！硬着心肠，关了面包机，老师说："也是在这样的冷雨中，这个被同学欺负追打的男孩，逃进一家旧书店。在这里，他遇到一本书，书的名字叫作——"

"《永远讲不完的故事》！"几乎全班在喊。

《永远讲不完的故事》一年级时向全班家长推荐过。

六

"讲述到此结束。一个问题，老师的最爱是什么？"

"吟诵！""不，是朗读！"

"老师爱朗读。表现在三个方面——"板书，和孩子一起罗列讲述提纲，"自己读，听朋友读，带孩子读。"

"我有一个心愿。我的心愿是：设立朗读节。"

大力板书：期待朗读节。

"我期待的朗读节不是一天，而是七天，整整一个星期。朗读节期间，从国家元首到一年级小朋友，都可以尽情展示自己朗读的风采；评选朗读社区、朗读之家、朗读班级；举办比赛，评选最美朗读之声——哦，那才是中国好声音呢！如果读书的人多起来，社会一定会安静、干净、文明很多！为什么？琅琅书声——"

"朗朗乾坤！"

"所以一天是不够的，一天成儿童节了！一定要整整一个星期，才能让朗读的魅力得到展示，让原先不爱朗读的人变得热爱朗读，亲近朗读。这就是我的心愿。你的心愿是什么？你也一定期待为自己的心愿设立节日！这就是今天作文的内容。"

板书：期待××节／期待××日

"期待读到你们的心愿。像老师一样真实、深沉的心愿！这样的心愿是有力量的！"

沉默。凝重。没有预料中的窃窃私语。

《永远讲不完的故事》主人公叫巴斯蒂安，巴斯蒂安最后迷失在幻想王国。因为找不到真实的心愿，巴斯蒂安差点变成白痴，永远留在老皇帝城，永远不能回来！能够让他回到这个世界，回到父亲身边唯一的办法就是——"

"……"

老师充满感情地接着说："能够让巴斯蒂安回到这个世界，回到父亲身边唯一的办法就是：找到自己真实的愿望。在幻想王国漫游的时候，巴斯蒂安的身上一直佩戴着天真女皇送给他的——"

"奥林！"两个男孩说。

"奥林的背面有四个字——"

静默。静默中老师板书全班念：

行你所愿

"我们没有奥林。可我们有心有笔。在纸上，通过文字，我们一样可以——"

"行你所愿！"

铃声响起。

七

第三节还是语文，全班用一节课时间完成习作。

作文一定要教！作文课同时也应当是阅读指导课。这是四年级第一次命题作文指导，和三年级不同，讲述的目的不在于提供可资模仿的范本，而在激发情感、激活思维。至于各自心愿为何，语言怎样组织，那是他们的事情。毕竟四年级了。为了这次指导，我已准备好久了！除了帮助孩子有质量地完成习作之外，还有三个期待：第一，用真实心愿引出真实心愿，培养孩子严肃内省的习作态度、生活态度；第二，展示教师的深度，为教师权威保鲜；第三，展示朗读魅力，为阅读激情保鲜。

至于这些心愿能在多大程度达成，教师就无从得知了。

"行你所愿"，巴斯蒂安曾经理解成"为所欲为"。

而今看云对这个词的理解是："但问耕耘，莫问收获。"

八

老君：李君华网名"太上老君"的简称。

小安：李丽网名"安遮那"的昵称。

整整九年前，2004年春，当老君女儿孙添还跟我读六年级的时候，看云、小安成日醉心于泰戈尔的诗篇。春风拂面的课余，站在二楼走廊，面对楼下灼灼盛开的桃花，小安朗读得最多的就是《园丁集》里的这一篇：

> 黄鸟在自己的树上歌唱，使我的心喜舞。
> 我们两人住在一个村子里，这是我们的一份快乐。
> 她心爱的一对小羊，到我园树的荫下吃草。
> 它们若走进我的麦地，我就把它们抱在臂里。

我们村子名叫康遮那，人们管我们的小河叫安遮那。

我的名字村人都知道，她的名字是软遮那。

因为"支教"，小安要离开看云、老君一年。那是个令人生畏的地方：卫生状况可怕；生活诸多不便；一个班70来人，多是留守儿童；语文要做4份练习；小学也要"月考"……

小安为什么要离开呢？如果不"支教"，老师就没有资格评中级职称；如果不"支教"，老师一个学校待满六年就必须离开。六年一转，从此颠沛流离，不知所终。

"安定"是教师职业最重要的好处，也是教师做好工作的前提。

"连续性"是第一重要的教育原则，也是儿童健康成长的前提。

小安到那里的第一课，就是教五年级的孩子吟诵《泊船瓜洲》。

京口瓜洲——一（！）水间——，

钟山——只隔（！）数重——山——

疲惫的黄昏，小安这样唱给我听。看云一时潸然泪下！

对于我和老君来说，小安的平安、健康才是第一重要的。

祝福我们的挚友！

九

吟诵节、舞蹈节、童话节、冒险节、围棋节、象棋节、古筝节、水果节、足球节、跳绳节、书法节、健身周、旅游节、干净日、谅解日、回家日、安静日、禁酒日、无电视周……孩子们期待的节日可谓五花八门！然而看云几乎可以确定：不必那番精心准备的引导，孩子也能写成这样。立竿见影的神效，今天还真没有见到。

唉！又是一个"没时间"的人！我一屁股坐到沙发

上，再次给认识的人打电话。"喂，你有时间吗？""没，作业没写完。""喂，你有时间吗？""没，我要上补习班。""喂，你有时间吗？""你打错了！"

我要设立一个"玩耍节"。在这一天，大人小孩都必须玩耍，不许工作，不许学习，好好开心一天！

（黄昕茹《期待玩耍节》节选）

如果真有五子棋节，我就有机会和很多五子棋高手较量了。在这个节日里，我的痛苦是：输了，丢脸。快乐是：终于可以和高手切磋一下了。我特别想跟我们班所有会下五子棋的同学一起下棋，要是他们都和我住在一个小区那就好了。

（高浩然《期待五子棋节》节选）

我为什么期待禁车日呢？不仅因为汽车尾气让人闻着不舒服，还因为容易出现事故，而且对环境也不利。

就说我家吧，我家就有一辆面包车。有一次，我们一家出去钓鱼，我们坐在车上聊天，突然，妈妈说："前面有绿化带，快让开！"于是爸爸赶快调整了方向。幸好妈妈反应快，不然车就撞上绿化带了。

汽车最多的国家，我们进入了前三名！可想而知汽车对我们地球的危害有多大。汽车排放的尾气中的有害物质会破坏臭氧层，使皮肤癌增多，使温室效应更加可怕，海平面上升。

为了我们的地球，为了使车祸减少，我们要少开车。

（徐真松《期待禁车日》）

从小到大，妈妈很少给我买糖吃，一般一个星期吃一次糖果。除了有人结婚吃喜糖之外，我几乎吃不到糖果。妈妈说，我小时候只要看到别人吃糖果，总是会傻傻地站在那儿看着，等别人吃完糖果再走。

　　妈妈说糖不能吃太多，吃太多牙齿会坏，像我这样就吃得正好。

　　而我的奶奶，则很提倡吃糖果，她总是说，不吃糖果干什么呢？所以，奶奶和妈妈经常为吃不吃糖而发生争执。

　　我希望有一个糖果节，在这一天，孩子们都可以尽情地吃糖，而大人也让孩子们吃糖。

（潘已欣《期待糖果节》）

　　这个儿童节不是给小孩子过的，而是给大人过的，让他们好好休息一下。

　　这个节日有三天，让小孩带着爸爸妈妈去玩。就像小孩子是大人，爸爸妈妈是小孩子一样，让大人休息一下，也让小孩子体验当大人的辛苦。当然，大人也可以帮助小孩子一下下啦。

　　然后让老师体验一下当学生吧，让小孩子当一回老师。虽然小孩子教的老师都会，不过作业会很少的啦。

　　我设定的这个节日日期不是固定的。如果在春季，就一起晒太阳；如果在夏季，就一起去游泳；如果在秋季，就一起捡枫叶；如果在冬季，就一起堆雪人。

（王曼林《期待另一个儿童节》）

2013年9月24日

因为《地球上的天堂》

一

"那时候小孩没有戴表的,连大人也很少戴手表,可我总能在大人下班的时候从河对岸的农田里满载而归!而我一手养大的那12只母鸡、3只母鸭,也总能按时回家,在嘹亮的喇叭声中,集体朝我回来的方向张望。哦!那可是真正的夹道欢迎!母鸡咯咯叫,母鸭嘎嘎唱。'欢迎!欢迎!热烈欢迎!'热烈而亲切的气氛中,我敲碎螺蛳喂它们。因为活食吃得多,所以它们长得特别壮!母鸡下的蛋又大又多,母鸭下的蛋呢……"

"也大也多!"

"不,鸭蛋的情况我不太了解。鸭和鸡不一样,鸭的野性大,不肯在蛋窝下蛋,它们总是藏到隐蔽的地方下蛋,而且经常换地方。这叫下野蛋。为了找到安全的蛋窝,鸭妈妈们一定费了很多心思!那时候,走在放学的路上,只要看见隐秘、有软草的地方,我们就会前去搜寻。有时还真的能找到一颗甚至两颗鸭蛋!一般情况下我们不会告诉大人,就这么自个儿煮了吃了!"

"呵呵!"孩子们都笑了起来。满是羡慕和向往!

这一刻看云更加确信,童年滋养我的,一是阅读,二是种菜、打柴、喂鸡、养鸭之类的家务劳动。直到今天,我还常常梦见自己早晨忘记给鸡窝开门,到了晚上,才想起那些依赖我、信任我的母鸡们已经在黑暗的窝里饿了整整一天,心里那个愧疚啊!鸭子倒是不常梦到。为什么鸭子不入看云梦中呢?也许就是野性大吧。

"这就是我的童年。我真棒!家里的鸡鸭都是我一个人养大的,而且养得特别肥壮!你棒吗?找到自己最值得自豪的优点,写出来,让老师大吃一惊,然后由衷地佩服你,更加地喜欢你!"

这就是今天下午的习作指导,其实就是聊天啦!特地选择养鸡鸭这个话题,是因为刚刚重读的《地球上的天堂》。因为重读,看云更加认同:家务劳动,尤其是不用机械帮助的家务劳动,最能清除电子污染、学习竞争给孩子带来的干扰和伤害。将一股平静、温暖的"能量流"引进儿童生活;修复遭破坏的成长节奏,带来语言不能表达的满足、滋养和疗愈。

也是因为这个原因,这次习作(半小时当堂完成)特别能得看云青睐的,是和家务劳动、家庭生活有关的内容,而不是练琴、学舞、习字、运动、绘画、读书……尽管如此,看云比谁都知道,"能做"是一回事,"会写"是另一回事。语文教师要做的就是:教给孩子第二种本领,激发孩子第二种能力。为此就需要写前指导,更需要平时带着他们做课程化的儿童阅读。

王苏苏颇得看云擅写对话的真传。这是自然的。王苏苏酷爱朗读,每当全班书声无力的时候,总有一个声音清越饱满有如映照晨光的露珠,那就是王苏苏。这一份对于朗读的酷爱,堪得看云真传。

二

那天中午,爸爸让我煮饭。我就放下笔,去煮饭。

"爸爸,煮几碗米?""两碗。"我便拿起煮饭的锅,来舀两碗米。"煮饭,煮饭,第一次煮饭!"我反复地唱着。

首先我把自来水倒进锅里,用手反复来回地抓放,等水变得完全纯白，再把水倒了；我又放进自来水，反复地抓放，水倒掉，再放进自来水，不要抓放——放进电饭锅里。放进去之前，先把水擦干净，如果不擦直接放进去，煮的时候，就会发出一种响声。

"妈妈，没有东西要放电饭锅里蒸吗？""没有才怪，蒸黄豆！""知道了！"我赶紧跑到冰箱面前，拿出装着熟黄豆的蒸篮，放进电饭锅。

"这是你煮的吗？还行嘛！""爸爸，不是你让我煮的吗？""可是，我还说了'才怪！让妈妈煮'。""我没听到！"

"今天真是开心，是我第一次煮饭。我下次一定要学会做菜。"我在心里说。

（王苏苏《煮饭》）

当妈妈放假的时候，我就让妈妈写一个菜谱给我，让我来做菜。

西红柿炒鸡蛋：先用两个鸡蛋，把它搅碎，然后和弄和弄，再切两个大西红柿。要切成小块儿的，这样它们在炒的时候，才会溅出许多汁来。在锅里放少许的油，就可以开始炒了。

把和弄过的鸡蛋放到锅里炸，再翻炒，等熟了把它盛到碗里，再把西红柿放到锅里炒，等烧熟过后把鸡蛋放到锅里一起炒，再放盐。

这样，一盘香喷喷的西红柿炒鸡蛋，就做好了。

（程嘉玲《我是厨房达人》）

我的优点不是太多，比如说我就喜欢带妹妹。我的妹妹七个月了，所以妈妈没有空的时候就让我带我的小妹妹玩。

  我的妹妹喜欢拿到什么东西要咬一口，然后拿开看一看，我的责任就是让妹妹咬不到不应该咬的东西。如果妹妹哭，就给她一个干净、可以咬的东西玩。等到妈妈干完事以后，就可以交给妈妈带小妹妹了。

  有一次，小妹妹拿了一个可以咬的东西，咬了一口，看了一下，甩一甩，甩到了我的头上，一点也不疼。因为，这是我心爱的小妹妹甩到我的头上的！

  我很棒吧！

（刘良宇《带小妹妹》）

  我非常喜欢我最小的弟弟王林飞。他很可爱，才一岁，一见到我就一直看着我。

  有一次叔叔婶婶有事要出去，就把王林飞交给我。我就把他放在婴儿车上，推着走。只要停几秒钟，他就开始大叫。就这样我一直带了他一个下午。傍晚，下雨了，他就要去看雨，只要碰到雨他就会高兴得不得了。他发现有两个纸折的小船，就拿着撕掉了。

  他有一个亲哥哥，才五岁，总是搞他，这时我就保护王林飞，教训他那个哥哥。

（王林森《带弟弟》）

  刚上三年级的时候，有一回，爸爸和妈妈因为有事，一大早就出去了。我一觉醒来，发现家里没有人，你以为我会放声大哭吗？我非但没有哭，反而大笑了一阵。我一从床上爬下来就迈着企鹅步走向食品箱，把什么面包啊、巧克力啊、汽水啊全都拿到沙发上，再打开电视机，然后自个儿到沙发上坐好，大吃大喝起来。刚刚吃到一半，便想起来自己本来打算吃煎蛋。我就拿出爸爸提前煎好的鸡蛋热了一下，然后又回到沙发上吃起来。

　　结果爸爸妈妈回来后看到这样的情形：摆放水果的茶几上有几个脏盘子，沙发上有许多零食，我呢，就坐在这些东西中间。过了一会儿，爸爸回过神来，对妈妈说："这个孩子自理能力很强！"

　　（张雪涵涵《我是一个自理能力强的孩子》）

　　我是一个勇敢的男孩。记得有一次妈妈去医院看奶奶，爸爸去加班，我一个人在家。晚上我还向妈妈要求一起去，可是妈妈说医院里有许许多多的疾病，你不能去。我只好不去了。

　　后来，我到了八点钟还是不敢睡。之后，我听到有人打电话，我就急忙下床去接电话，我只听到一声熟悉的声音从电话里发出来，哦，原来是爸爸。

　　我不久就睡着了。在梦中，我觉得有人在叫我，我不知不觉醒来了，原来是爸妈回来了。让我高兴的是我能一个人在家睡觉了。

　　我真棒吧！

（胡景博《一个人睡觉》）

2013 年 10 月 8 日

话虽旧而道常新

一

我拿来水果刀,妈妈在柚子皮上轻轻地划了几下,柚子皮裂开了一点嘴儿,妈妈用手慢慢地拨下来,拨了两层以后,柚子肉终于露出了庐山真面目。柚子皮真的很厚,大约有15毫米。柚子肉像泰国香米,又长又细,而且晶莹剔透。柚子皮怎么揉都揉不烂,除非你把它撕烂。

我尝了一口果肉,嗯,味道真好,清香、酸甜、凉润,好吃极了,就是有点苦,但是它里面也有甜味。吃完以后,我正准备扔掉柚子皮,可妈妈说:"等一下,别扔,放到冰箱里。""为什么?""因为柚子皮可以去除异味。""哦,可以当除臭剂。"

(郭恒祎《柚子》)

"哦……"全班作恍然大悟状。大约就在这一刻,若干人悟到《柚子》"有声、有色、有质地"的好处;明白老师反复念叨"停下来,看进去"的道理。

"停下来,看进去;沉下心,写出来。"对于孩子来说,这是作文,也是修身。空谈只能起反作用!一定要是结合了具体文章的反复"例说",才可以让这个道,一点一点进入孩子。

前几天，我和妈妈去动物园玩，买了一只小龟。它是公的，这只小龟真的是乳臭未干！买回来后我把它养在一个透明的养鱼缸。可它总是想从缸里爬出来，见识见识外面的世界，可没有一次成功。有时候我会把小龟放到桌子上，让它玩一会儿，有几次差一点儿掉下去了。还有的时候我放音乐给它听，那时候它就静静地趴在那儿听。

　　它的身体还没有掌心大，真是一只迷你小龟！它的眼睛和鼻子跟我们一样，眼睛分眼白和眼黑，里面总是充满天真和好奇；鼻子跟人的一样，也有两个鼻孔，比针刺出来的还要小。这只小龟的壳并不是像画上画的那样一块一块的六角形，而是像鱼鳞那样一片一片的，摸上去像摸到人背的感觉。龟的四只脚很短，每只脚有五个脚趾，别看它们小，全都长了锋利的指甲，有一次我把它放到手上，小龟竟抓了我一下，挺疼的。小龟的尾巴又细又长，总是甩在一边，小龟爬起来很慢，有一种憨态可掬的感觉。

　　我准备买一只小母龟，当龟龟的女朋友呢。

（《小公龟》李伟航）

　　"能把一种安静的小动物写真切，这是了不得的功夫！咬定青山不放松！只有你自己先'停下来、看进去'了，你写出来的东西才可能让别人停下来、看进去。这叫美不胜收，驻足观赏！"

　　小龟驮来又一番老生常谈。阳光雨露对于植物岂不也是老生常谈。古来作文法就那么几条。许倬云让王小波茅塞顿开的不过就是一句"还要炼字"！然而，因为说这个话的是"我的老师"，所以"炼字"落到王小波那里，就成了拼命生长的种子、一生修炼的功课。

　　话虽旧而道常新。但看云老师有没有"令道常新"的本事，看云老师能不能对儿童成长保有永远新鲜的热切和关注。这种热切和关注，与其说是责任，不如说是福分——得到儿童滋养的福分。

"升级"带来新鲜的刺激，国庆带来举国的欢腾，还有一年一度的秋季运动会。九月的学校从来都是扑腾不止的。一定要等到国庆过后，天气转凉，一切才会总体进入正常状态。然而这绝不意味着正常与沉静会自然到来。一不留神，学年之初且一月有余的扰攘会积成浮散的习气。这就要求老师在整个九月如战士坚守堡垒一样，在扑腾和混乱中坚守秩序、坚守节奏、坚守教育教学的力道和品质。如此，当天气转凉的时候，你才明白什么叫作"一年好景君须记，最是橙黄橘绿时"。

二

下午放学回家后，我对爸爸说："爸爸，我们今天学了课文《桂花雨》，我也很想摘桂花。"爸爸回答说："可以呀，我们一起到小区的花园里看看吧！"我赶紧拿了一个干净的小盒子和爸爸一起到花园里找到了桂花树。

我站在桂花树下，香气扑鼻，夕阳的余晖洒在桂花上，桂花像金子般耀眼。我顺手抓住一根树枝，爸爸赶忙对我说："明明，我们只能采花，不能折树枝，否则会伤害桂花树。我们就用桂花做个'香盒子'吧！"于时，我和爸爸摘了许多桂花放到盒子里，一个芬芳的"桂花香盒子"就做成了。

（吴宇明《桂花盒子》）

开始摇桂花了。我用劲地摇，桂花从树上纷纷落了下来，妈妈连忙对我说："扬扬，这样摇是不对的。用劲摇会把小树摇死的!"我听了之后,吃了一惊!我轻轻慢慢地摇,桂花落的我满头满身,顿时我的身上香气迷人!我把摇下来的桂花拿回了家。

(吴悦扬《摇桂花》)

"知道老师读和《桂花雨》有关的日记时,最紧张什么吗?"

"害怕我们乱折桂花。"

"是啊!这个秋天,桂花开的时间特别长,从九月一直开到十月!草木无言,然而草木有情!我猜,这一定是熬过苦旱的桂花,在尽力报答雨水的恩泽!所以我们才能在桂花的香气里学习《桂花雨》。如果我们享受着桂花的香气又摧残桂花,真的不应该。"

"是啊。""就是!"到这时,日记点评已经变成师生之间的情感交流,人与自然之间的生命互动。

"母亲洗净双手,撮一点桂花放在水晶盘中,父亲点上檀香,炉烟袅袅,两种香混合在一起。于是父亲诗兴发了,即时口占一绝:'细细香风淡淡烟,竟收桂子庆丰年。儿童解得摇花乐,花雨缤纷入梦甜。'"因为萦绕鼻孔的桂香,这一届的《桂花雨》,我们上得格外有感觉。母语教学,其实不能自外于环境而遗世独立。

今天老师带了一个打火机和一盒檀香,我们见了很好奇。老师把这些东西放在讲台上说:"如果你们能把《桂花雨》读得好,我就给你们点上一炷檀香。"我们听了都在心里暗暗想:一定要把课文读好!终于我们成功了。老师遵守诺言,点上了檀香。

点上檀香以后,炉烟袅袅。檀香首先发出淡淡的清香,过了两三分钟,味道就变得很浓,我们都沉浸在檀香的香味之中。檀香的烟气升起来了,有风的时候,烟像仙女的腰带，又像是小姑娘的裙角；没有风的时候直挺挺的，像一条垂着的绳子，又像一根细细的树枝。真是变化无穷，千姿百态。

曾听妈妈说过，檀香有很多功效，可以行气温中，开胃止痛，缓解胸痛、腹痛、胃痛、冠心病……

我爱檀香的香味。

（李晨曦《檀香》）

李晨曦的《檀香》把大家带回到"两种香混合在一起"的语文课堂。朗读的第一句就让老师起了反思：10月11日下午点燃檀香的，应该是火柴而不是打火机。太不浪漫。

三

有没有一种"一以贯之"的办法让孩子持续保有日记状态呢？有的，那就是每周一次雷打不动的日记点评。

带着60个孩子的大班，课堂时间大部分都用来朗读、讲说。讨论的时候不多，个别朗读更是绝少！然而看云丝毫不担心学生朗读能力和所谓"独立思考能力"！花朵的美丽、果实的甜美来自土地、阳光、雨水和时节，而不是园丁单单针对着花果的切盼与关照。

每周一次的日记点评，也是师生之间情感、思想的交流。这种交流如海浪，一波接一波，把孩子带入海洋深处；带入生活中那些值得"停下来、看进去"，值得驻足观赏的好的一面。

四年级了，摸小蛇、看苹果篮、喝普洱茶之类不再有神效，日记朗读却更有效，更能抓住他们！四年级的孩子不再只关注自己，他们开始聆听同学日记以及老师对同学日记的点评。四年级的孩子开始有意识地渴望：个人趴在书桌上，默默完成的习作成为班级生活的公共事件。从某种意义上说，这也是公共意识的苏醒、政治能力的萌芽。所谓政治能力，就是就公共生活发表看法、发生影响的能力。而教师的朗读，一定比其他形式更能给孩子带来成功的光荣和激励。因为这种"成功"是他认识、看重的人有目共睹、有耳共听的，因而是真实、温暖、有力的。

一定要教师朗读！老师的语调把评点和指导融入朗读，教师的声音把沉默的文字变成涌动在课堂上的"爱与力的回流"，从而被孩子们整体吸收。还有什么别的方式更能让一篇日记带给全班充分的滋养？我不知道。

四

我则是复述。复述使得师生交流和课堂气氛更为融洽无间。老师看着孩子，孩子看着老师——听老师背诵自己的文字——哪怕只是只言片语！每当那时，孩子眼里瞬间闪烁的星光，把老师的心也照亮了。不知不觉中，这样的激荡和闪光，也成了老师的幸福，老师的期待！每次表扬都有二十多人，每次都是拿着记录本，凭着记忆复述、背诵：一个段落，一句话；好的开头，好的结尾，甚至好的题目。"题目是什么？题目是人的眼睛。一篇普通的日记如果有了一个抓人的题目，好比平庸的脸长了会说话的眼睛——便宜占大了！"今天因为好题目而得到表扬的是王苏苏的《外国妈妈》：

> "连我都不认识了吗？我是你妈呀！""妈妈，你的头发怎么给染了啊？""不好看吗？先让我进去再说。""好看是好看，只不过……嗯，怎么说呢？""哎呀，你是不是觉得妈妈头发太黄了呀？""嗯，就是。""我也觉得，可那个人说不黄！"

妈妈的头发本来是直直的，现在头发是深黄，有点像棕色，头发是波浪。"妈妈，你上班的时候，肯定有人说你像外国人！""你说什么？""我不说了。"

　　"唉，还是原来的头发好看，妈妈偏要染成棕色，黑色的头发多好看啊。"我在心里想。

（王苏苏《外国妈妈》）

"呵呵！"全班都笑了。老师则当仁不让地介入这家人的生活："老师个人同意王苏苏的观点，头发也好，发型也好，还是自然来的最好。"

"'有声有色'，主要指的是叙事手法。不要平铺直叙。平铺直叙的文章，你写得累，人家读着也累。为什么？沉闷啊！拖沓啊！"

这又是老生常谈！然而这个班真有越来越多的孩子"得道"了。对孩子来说，只说过一次，并让他们记在脑子里的话，对于他们的感受一点触动都没有。

　　"抛鱼线时，要把它用力往前抛，然后把鱼竿轻轻往上一提，就能抛得很远哩！"叔叔边说边示范，哇！抛得好远啊！"这时，你不能动，不能惊扰了鱼。你看，鱼线上面圆形的叫鱼浮，现在沉下去了两个，等到再沉下去一个的时候就可以拉了，因为有鱼上钩了。"

　　正说着呢，我突然感觉到鱼竿一振，鱼浮又沉下去了一个，叔叔看了连忙说："快拉！快！"我一忙，用尽全身的力气一拉，因为用力过大，鱼被拉上来之后，从另一头像荡秋千般朝我"飞奔"过来，我来不及躲闪，鱼一下子砰一声打在我脸上，弄得我满脸都是水，我不禁哈哈大笑起来，大家也都为我鼓掌欢呼！这条鱼还真是不小哩！

（曹可欣《钓鱼》）

"呵呵……"笑声再度响起。而老师则在"叔叔"那里隐约听到自己终年终日的喋喋不休！当足够多的孩子学会这种"有声有色"的叙事方法时，老师又该唠叨别的道道了。一门深入，触类旁通。最重要的一条走稳长实之前，看云基本不说别的。

能有多少新鲜招数呢？

新鲜招数的效果是短暂和有限的，对于新鲜招数的迷恋是值得警惕的。家常便饭最养人，做好教学的前提是盯住学生，是从老师开始，从而引领孩子"沉下来"，而不是乱花迷眼地整招数。简单的招数练到极致就是绝招。日记点评是我的绝招。

话虽旧而道常新。孩子长我也长。绘事后素，立足节奏和沉静的进步是真实可靠的。

2013 年 10 月 14 日

集体的习作典范

一

"《腊八粥》,翻到没?"

"《腊八粥》,翻到了!"

悦耳的翻页声中,照例亮起亲切的笑眼,照例响起亲热的呼唤——"八儿!""八儿!"

这就是沈从文先生的《腊八粥》带给我们全班的熟识而永新的快乐、涤荡、凝聚和升华。

"老师说过,写好作文有三个绝招。第一招?"

"有声有色!"

"第二招?"

"停下来,写细节!"

"第三招?"

"结尾干净利落!"

"有声有色;停下来,写细节;结尾干净利落。这样的作文,想不得高分都难!这样的典范就是沈从文先生《腊八粥》。我们读——"

教师一声令下,孩子们眼睛晶亮,腰杆挺直,彼此笑一笑,微微点头。其中有互相鼓励的暗示,也有得偿心愿的满足。和老师一样,他们太喜欢《腊八粥》了。

"怎么，黑的！"八儿还同时想起染缸里的脏水。

"枣子同赤豆搁多了。"妈的解释的结果，是拣了一枚特别大得吓人的赤枣给了八儿。

呵呵的笑声中，老师问："想一想，妈的语气和八儿有什么不同？八儿是惊呼，妈呢？腊八粥煮成了那个样子！妈的解释是得意还是有些惭愧？"

"有些惭愧。"

"惭愧。也许就是因为惭愧，才捞起一枚大得吓人的赤枣给八儿。然而八儿，因为嫌恶，大约是不敢吃，不要吃的。再读这两段，体会干净利落的结尾。"

二

"卜……"锅内又叹了声气。八儿回过头来了。

比灶矮了许多的八儿，回过头来的结果，亦不过看到一股淡淡烟气往上一冲而已！

锅中的一切，这在八儿，只能猜想……栗子会已稀烂到认不清楚了罢，赤饭豆会煮得浑身透肿成了患水臌胀病那样子了罢，花生仁儿吃来总已是面东东的了！枣子必大了三四倍——要是真的干红枣那么大，那就妙极了！糖若做多了，它会起锅巴……

"妈，妈，你抱我起来看看罢！"于是妈就如八儿所求的把他抱了起来。

"哦……"他惊异得喊起来了，锅中的一切已进了他的眼中。

这不能不说是奇怪呀，栗子跌进锅里，不久就得粉碎，那是他知道的。他曾见过跌进到黄焖鸡锅子里的一群栗子，不久就融掉了。赤饭豆害水臌肿，那也是往常熬粥时常见的事。花生仁儿脱了他的红外套，这是不消说的事。锅巴，正是围了锅边成一圈。总之，一切都成了如他所猜的样子了，但他却不想到今日粥的颜色是深褐。

"怎么，黑的！"八儿还同时想起染缸里的脏水。

"枣子同赤豆搁多了。"妈的解释的结果，是拣了一枚特别大得吓人的赤枣给了八儿。

《腊八粥》是上上一周朗读的，因为太喜欢，今天特意给孩子录像。同时录下的朗读视频还有蓬热的《蜗牛》《佛罗伦萨的小抄写匠》片段。

三

儿童习作需要日复一日从容诵读从而烂熟于心、融化于血的经典范文。

有声有色；停下来、有细节；结尾干净利落。"作文三招"在本班正如"阿弥陀佛"之在净土宗。日记点评课上的佳作朗读其实就是招数展示，然而一个班的孩子需要集体稔熟的共同典范，每个孩子需要烂熟于心的经典范文——是这种集体、反复、有节奏的吃进、咀嚼、沉淀、发酵，让经典的滋养力变得真实、有力、持久、深厚。而事实总是一再证明：对于适宜的经典，儿童总是百读不厌。唯爱让人蒙福，唯爱让人得滋养。爱不可以强迫，爱与势利、恐惧誓不两立。出于势利或恐惧而强行塞进大脑的东西，迟早会作为毒素，从别的地方发泄出来。

以下篇什是献给沈从文先生的祭奠。代表全班，表达一个感恩的意思。

《机器人大赛》是令人惊叹的。以"让我给大家当解说员"为标志，在郭与然这里，"有声有色"已由简单的写对话上升到叙述本身。

"这是提起笔来就像是在跟人说话的感觉，这是让人读到的同时就听到说话的文字。不必特意写对话，叙述本身就带着音容笑貌，令人难不动容！"

"这种境界不是一般人能够达到的。"老君说。

"而这，正是作文的原因！写作就是说话。我们教作文，就是要带着孩子还至本处。"

四

太爷家楼下有一片草丛，那里就是蚂蚱的乐园。每天中午放学回家，我和俞权丢下书包就到草丛里捉蚂蚱。我们都用眼睛盯着草丛找蚂蚱，蚂蚱非常机灵，我们轻手轻脚，谁也不敢出声，怕吓跑它们。突然，俞权小声说："慢点，你前面有一只蚂蚱！"俞权慢慢地靠近目标，然后猛扑过去，抓住了它，放进了我事先准备好的小盒子里，心里美滋滋的。我看着盒子里的蚂蚱，难怪我们这么难发现它呢，原来它全身都是绿绿的，和小草的颜色一样。

我正看着出神呢，那边又传来声音："徐真松，这又有一只蚂蚱被我捉住了！"我拿着盒子开心地跑过去。

（徐真松《捉蚂蚱》）

今天我在姐姐家玩，我们玩得很开心！

我到姐姐家去玩，姐姐高兴地对我说："我们来玩捉迷藏吧？"我说："好啊。"第一轮姐姐先找人，我就躲进了沙发底下，姐姐数过数后就来找我了，姐姐看周围没什么动静之后就去小房间里找了。我就一直在沙发底下藏着，过了一会儿，我的鼻子碰到了沙发底下毛茸茸的东西，我的鼻子感到痒痒的，我就忍不住地打了一个喷嚏。姐姐一听见喷嚏的声音，就赶紧跑到客厅，趴在地上一看，一下子就发现了我，我就这样暴露了……就这样我和姐姐玩了一个下午，然后我就回爷爷家吃饭去了。

今天藏得满身是灰，我晚上可要好好地洗一洗澡。

（张伟杰《捉迷藏》）

一帆风顺除了是成语还是个植物，一帆风顺的真实姓名其实叫作"白掌"。

白掌的叶子，两旁都皱皱的，像是被太阳晒蔫；白掌的茎，非常整齐，茎有秩序地向外伸展开来，细长细长的；白掌的根，有些淡淡的黄，也有一些淡淡的绿，像胡须似的；白掌的花，非常奇特，它不像别的花瓣有那么多，它只是有一片花瓣，这片花瓣，白白的，顶尖部位有一些绿绿的颜色。花蕊是黄的，像个狼牙棒，尖的地方还有一些棕色的小点点。

人们之所以叫白掌为"一帆风顺"，我想，大概是因为它的花，一直都挺立着，站立着，像一个风帆吧。

（韦依池《一帆风顺》）

滴水观音的叶子很大，像一把把蒲扇，也像大象的耳朵。滴水观音的叶子分为九叉，每一叉上都有八九个"鼓包"，好像一片片的小树叶。

滴水观音的花是白色的，而且也是一层一层的，每一层的形状都像观音菩萨坐的莲花宝座。当空气潮湿时，在叶尖上就会形成水珠，当水珠够大时，就会滴落下来。因为有这两样特点，所以它才叫滴水观音。

（李想《我家的滴水观音》）

"啦啦啦！考试考了一百分，回家告诉爸爸去！"

到了家门口，杰克突然看到打开的窗户里浓烟滚滚。他马上反应过来：是家里失火了！杰克吓得大惊失色，连忙一边大叫："救火呀！我家失火了！"一边拿着桶往小溪边跑。

打了满满一桶水，杰克却怎么也拎不动，正准备叫旁边的人帮忙。但是，旁边偏偏一个人也没有，他又想到远处去找人帮忙，可是，来不及了！他想到被困在屋里的父亲和被火烧毁了的可爱的家，一股无比巨大的力量涌向手指，他把水桶拎起来了！能跑多快就跑多快，终于杰克把一桶满满的水往家里泼去，边泼边说："爸爸！屋子！我来啦！"

好了！火扑灭了！这时，爸爸从窗户里面探出头来说："宝宝，你在干吗?!"只见爸爸光着头，八字须上还在滴水，被淋成了落汤人，一副生气的样子。

"家里失火了。"杰克说。爸爸举起湿漉漉的烟斗："这是什么？""爸！你又吸烟呀！我以为失火了呢！害得我白忙一场。""你想家里失火啊？""不要！不想！"杰克说着紧紧抱住了爸爸。

（曹可欣当堂作文《虚惊一场》，试题为"看图作文"，材料为卜劳恩《父与子》）

2013年11月6日

如果你不曾感到吃力

一

老君以为，对她来说，云门弟子的日记比看云说道更有意义。

"同龄人的心是相通的。孩子对孩子的吸收力还有启发力，是我们当老师的说不清楚也不能替代的。所以对我来说，朗读孩子作文更有直接的效果。"对着电脑，朗读、校对稿件的中间，老君如是说，"不过一定要是小孩原文！你一改就不是那个味道了，学生听到的感觉也会有隔阂，吸收程度反而差了，就像《小学生作文选》。真实的才有力量、有生命。你不是老这么说吗？"

看云深以为然。教学是精心组织起来的理性活动，无论怎样营造情境，教师所做，都有意无意地指向孩子大脑。完全自然、完全无意识地——作用于做梦的心灵和沉睡的意志的——无意识的熏染和振荡——只能发生在孩子与孩子之间。

从某种程度上来说，"擅自改动"无异于善意的造假，发心的良善，不能改变假货带来的隔阂。隔阂，哪怕只一层薄膜，也会在你意识不到的时候，损伤文字的透气性、生命感。和上一届不同，从前以为必须理顺的地方，而今看云往往格外珍惜。孩子的努力或成长痛，就在这磕磕绊绊、啰哩啰唆了。一旦改得文从字顺、光滑顺流，那种吃力的生命感将荡然无存。比如宋苔曦绕来绕去的两段，老师自能改得三言两语、简洁明了，然而，恰是这种缠绕费劲的文字，能让同学们起了深切同感,从而发生激励作用。

光是从缝隙进来的。

人和人之间最深最紧的连接是感同身受的痛,或吃力。

  今天早上,我正在睡觉,无意中看见了外面的树和树叶在摇晃,我猜测有树叶肯定马上要落了。

  看到这种情形,我不禁想起《一片叶子落下来》的故事,那么这些叶子又是谁呢?是丹尼尔?是弗雷迪?还是克莱尔?

  过了一会儿,外面不知不觉下起了雨,雨越下越大,雨水打在叶子身上,有些叶子落了下来,有的是自己落下来的,有的是被雨水打下来的。

  雨停了,我赶紧跑过去,看见满地的叶子,心想虽然这些叶子离开了大树,但是生命还会再来,生命永远不会断。

  本来我以为《一片叶子落下来》只不过是一个故事,没想到,我竟然看见了一片叶子落下来,我现在知道,这不仅是一个故事,也是大自然的规律。只有老的死了,才会有新的再来。

(宋苔曦《一片叶子落下来》)

二

  "写作很简单!"只有那不懂得写作的人才会这么以为,这么狂妄、轻佻和随便,"心里怎么想,手里怎么写!"

  专门帮助学习困难的医生,《破茧而出》的作者梅尔·列文则说:"对于孩子来说,写作是极其困难的一件事。建立思想和话语互换的流程，是学校里最令人畏缩的要求之一。"

写作为什么艰难？因为写作需要思维、情感、意志的全面投入。首先要有真实深切的感受，然后用思维的力量将感受编织成文。在整个感受与编织的过程中，需要坚韧的意志作为支撑，才能得到深刻的体验，细致的观察，清晰的思路，最后凝结为真实有力的文章。

四年级开始，每个周一的日记点评，都是在鸦雀无声中进行。有表扬，也有批评。被批评的孩子，一个个满脸都是感激。真应该让朋友们看见——这是云门弟子最美丽的时刻！

"李想，你的《挖陷阱》看起来很好！然而，我一读就知道，你写的时候根本没有用劲！都四年级了，还写在沙坑里挖陷阱报复毁掉堡垒的人，这样津津有味的叙述，在三年级是好的，搁四年级的你这里，就是偷懒！老师为什么喜欢短的《我家的米兰》？因为它让你费劲了。都给我听好了！"老师转向全班说，"如果你不曾吃力，如果你不能让老师感受到你的吃力，那么你就不能进步。比如'玩具自述'，男同学多写汽车、飞机、变形金刚，女同学多写芭比娃娃、绒毛玩具——都没错，也够聪明，然而老师为什么格外赞赏郭与然？因为他选择了最没有写头的足球。这就是挑战自我，这就是进学之道！学如逆水行舟，不进则退。不吃力的后果是什么？是在舒舒服服的当儿，不知不觉失去前进的意志力！"

"意志"，是四年级以来看云对他们常说的词。他们能懂得。

> 我家有一盆米兰，它是楝科常绿灌木或小乔木。
> 米兰枝干上的树叶是一层一层的。每枝有三到五片树叶组成，呈椭圆形。老叶子是深绿色，新叶是嫩绿色。新叶上长着一朵朵像小米粒一样的金黄色的花，闻着特别香。我想，因为米兰的花像小米粒，而且又跟兰花一样清

香，所以才叫米兰吧！

　　妈妈跟我说：米兰非常娇气，对空气质量的要求很高。外公家怎么都养不活米兰，因为外公在家里吸烟。我家能养活米兰，是因为爸爸从来都不在家里吸烟。还有一点是因为我们家里有那么多的植物让我们家里空气清新。

　　米兰刚开花时，无论在家中哪个地方都能闻到香味，可是我有鼻炎，一闻到太重的香味就会打喷嚏，呵呵！

（李想《我家的米兰》）

　　大家好，我是一个足球，我全身几乎都是鲜艳的大红色，我每面的图案都是一样的，由很多个五边形的皮块缝制而成。我还有一个黑点，那是一个气孔，每当大家要和我玩的时候，总会向那里打点气，这东西说来也怪，只能进气不能出气。我的里面还有一个橡胶内胆，充气后把外皮撑得圆圆的。

　　我的弹力可好了，你把我用力向下一掼，我就会被弹得又高又远。你们相信吗，还会有人怕我呢！当守门员抱住我开一个大脚的时候，我会腾空而起，向前飞去，飞得又高又远。这时会有三种人：胆大的人会冲过来接住我，胆小的人会左右闪避，还有一种人会用双手去抱头。我一落地，大家就一窝蜂地向我跑来，这时我就会觉得很自豪，虽然大家把我踢来踢去，但我的那件"防弹衣"能化解百分之九十九的力。

　　好啦，先聊到这吧，你们要经常来陪陪我噢，保证让你们强身健体，而我也会想念大家的。

（郭与然《足球的自述》）

三

　　于是,我勇敢地走出了校门。离校门没多远的地方我遇到了红绿灯路口,不过我很遵守交通规则,谨记爸爸妈妈和老师的话:"……红灯停,绿灯行。"我安全地过了这个路口,回家的路上很僻静……因为这是通往姥姥家仓库的道路,行人很少,所以我格外小心。我环视了一下周围,看看有没有坏人或陌生的人。一路上我东瞧瞧,西望望,在这独自一人回家的路上,我看见很多美景,尤其是道路两边的香樟树,不时地散发出迷人的香味。

　　　　　　　　　　　（康玟君《一个人独自回家》）

这里有心理活动,也有"停下来,看进去"的细节。这样的写作,产生于真切的感受和紧张的脑力劳动。所以要求孩子认真到吃力的习作,一周只能一次。否则,多数孩子必然流于应付,而那个别的乖孩子,势必因为思维及意志的过劳,使得感受力（尤其是无意识的沉醉力和吸收力）变得稀薄。对于孩子来说,那实在是一种无形而深刻的损伤。

"刚有一点点感受,立刻就想到写作的人,是可怜和苦命的,如同中了魔咒。"

"就像你一样!"老君说。

四

　　我正在玩具区看得开心呢,妈妈却要去服装区了,我也只好去了离妈妈只有三步之遥的图书区了。我不是不爱看书,是因为那里都是小朋友看的图书。最终我也去妈妈那里玩购物车了。等买完东西已经是10点钟了。

"太好了！"我在超市的外面说，"超市我再也不想来了。"我在心里说。

（王浩《在超市》）

四年级孩子开始写心理活动。这样的心理活动，幼稚、真诚且高度自我。唯其如此，所以可爱、可贵。

今天是星期五，我和往常一样去上围棋课。下课后，妈妈高兴地对我说："父母双方只要一方是独生子女，就可以生第二个孩子。"听到这个消息我又喜又忧，喜是因为多了一个人陪我玩；忧是因为平时我就不听妈妈的话，如果再生一个孩子，妈妈就不会再那么喜欢我了。这可真让我左右为难啊！

坐在车上，我一言不发，想来想去也想不到好的结果，这件事可真是让我纠结。虽然我没有讲，但是我内心深处还是不想让妈妈生。现在家里什么东西都给我，如果多一个孩子，什么东西我只能得到一半了……我不停地想着，心里越来越沉重。妈妈还挺高兴，但我心情却非常郁闷，连妈妈给我的爱都要被第二个孩子抢走。

哎，我真不想让妈妈生第二个孩子，这样我心里会很难过的。权利在妈妈的身上，我更多的只是建议，我没有办法阻止妈妈非常想干的事情，只有无可奈何地等待妈妈的选择。

我相信天底下所有的孩子都不想把妈妈给我们的爱被第二个人抢走。

（袁文轩《烦心的事》）

以前，妈妈回家第一件事就是说："嘉玲，我回来啦！"自从小弟弟来过之后，妈妈回来第一件事就是："代方坤，快过来，让姑姑看看！"从来没有讲过我。我就在心里悄悄地说："妈妈可真偏心，不管我了。"

　　这一次，小弟弟很调皮，拿一根硬棍子打到我的额头，我也没有说什么，因为小弟弟还不懂事。没想到，晚上妈妈回来看到我头上肿了一个包，妈妈就问："你这个包是怎么回事？"我就小声地说："是弟弟搞的，但是我没有怪他。"妈妈说："当然不能怪他，他是你弟弟！"妈妈有点不相信我没有怪弟弟，就找弟弟问："姐姐打你了吗？"方坤直摇头。

　　睡觉的时候，我突然问妈妈："你是不是喜欢小弟弟，不要我了？"妈妈说："不是呀。"我觉得她偏心小弟弟，她又说不偏心小弟弟，谁能告诉我为什么呢？也许真的不怪妈妈？

（程嘉玲《妈妈真偏心》）

　　今天奶奶跟我说他们要走了，我外表很伤心，含一点点要哭的样子，但是我的心里很高兴。你们别以为我坏，就因为小弟弟天天跟我争我妈妈的宠爱，让我妈妈不再爱我了，现在他走了，我就可以一个人享有我妈妈的的宠爱。其实我也不是那么自私。

　　小弟弟出我家门了，妈妈非让我和爸爸去送他们回家。在路上，小弟弟一直缠着我，口中一直喊我"姐姐"，我知道他很舍不得我，不要让我离开他。到奶奶家了，我心想：小弟弟因为还小，所以要让着他一点，等他长大懂事了，我就不用让着他了。爸爸说要回家的时候，我依依不舍地和小弟弟分开了，小弟弟一直哭，我心疼死了。

到了家里，我把房门关起来，暗暗哭泣和责备自己，如果当初让着弟弟，弟弟在我家快快活活地过，这样也就值得了。

做人，不可太小气，心胸不可太狭窄。像我这样就是太小气的人。知道错了，但是已经来不及了。下次弟弟再来的时候，我要对他好一些，共同分享妈妈对我们的爱。

（程嘉玲《小弟弟走了》）

2013 年 11 月 18 日

我们的球场

一

自从薛老师带了两块香樟树的木片到课堂上给发言积极的同学闻香,我们班的许多同学都想拥有这种木片。因为它晒干了以后,互相打击能发出清脆温柔的声音,放在衣柜里还能驱虫子,比樟脑丸还好。我也想拥有一块。

这个星期,爸爸带我一起回奶奶家。到了那儿,我无意间发现一棵树,已经被砍了下来,是给奶奶烧锅用的。它很像香樟树,连叶子都很像!我想,不正好用这棵树来锯木片吗?我叫爸爸过来看看这是什么树,爸爸说:"这不是香樟树,是皮柳树。""哦,这棵树可以锯木片吗?""可以呀!你锯它干什么呀?""我想锯成一片一片的,晒干后互相打击,发出清脆的声音,放在衣柜里还可以驱虫子。""是吗,那好吧,那你要锯多厚?""跟你手指差不多厚就行了,要锯三片!"

爸爸找来木锯,好半天锯了一片,一看,不齐,断面有的凹进去,有的凸出来,很难看。于是,他叫我去大伯家把电锯借来。电锯的锯条是平的,断面锯得很平整,年轮都看得清清楚楚。爸爸和我一起数起来,哦,这棵树有13岁了。

我闻了闻锯下来的木片，虽然没有香樟树的那种清香，可是它有自己独特的香味，是一股浓浓的甘蔗味。我闻着闻着就情不自禁地咬了一口，"哎哟，我的牙！"爸爸跑过来，问："怎么啦？""我刚才闻到那股甘蔗味，忍不住咬了一口，结果牙齿咬疼了。"爸爸开怀大笑："你真是个小馋嘴！"

（郭恒祎《皮柳树木片》）

小区里的香樟树高得碰到电线了。夏天，物业公司修剪树枝，看云因此得到很多香樟木片。这个班的孩子，往往一个问题出口如同石沉大海，情急之下，看云想出"给发言积极的同学闻香"的点子。同时告诉他们："这是最好的天然香料，是有生命的奖励，比任何物质奖品都要珍贵和荣耀！我这里有不少木片（说到这里，敲击木片，让全班听到清脆温柔的声音），会陆续发给表现突出的同学。"

当时也就是姑枉一说，并不指望这种幼稚的做法能对四年级的他们有什么触动。然而，不仅是郭恒祎，许梦凡也在日记里说"同学们想得到那块木片想疯了"！

这让老师感到高兴。因为孩子对"生命的味道""生命的声音"有感觉！比较发言能力，这种感觉更内在、更可贵，更滋养人。

二

真好！薛老师送我香樟树片。因为我上课积极发言得到的哦。

听说每次薛老师出去讲课的时候都会带上一片，送给前来听课的老师中读书最好的老师。

香樟树片是我想要已久的。没有想到我是第一个得到的！薛老师说她会把这些木片一个个发给我们。

我非常喜欢这片香樟木片。它不仅是薛老师送给我的，也是因为它很香。可以在写作业的时候闻一闻，放松放松，也可以放在衣柜里驱虫，让衣服有香味，比市场上的驱虫丸子要环保得多。

它的样子像一个苹果，因为它是圆的，边沿有个地方凹了进去，凹进去的地方还有一个小杆子，更像苹果了。它周围的皮很不光滑，如果把它不光滑的地方去掉，里面还有一层皮。我看这块木片已经6岁了。因为它的年轮有6圈。

我希望有更多的同学能够得到。

（李伟航《香樟木片》）

每次发奖之前，老师都会十分宝贝地把木片放在自己鼻子跟前："哦！是真正的沁人心脾！这里有太阳、泥土、香樟树以及好多个春、夏、秋、冬共同酿造的生命的味道！我觉得我的肺都被清洗了！我觉得我的头脑更清醒了！"然后把木片送到那个孩子的鼻子跟前，让他闭上眼睛，轻轻问："香不香？"

"香！"那孩子闭着眼睛轻轻说。

朝着木片的方向，所有孩子都在跟着嗅鼻子。只要是熟悉香樟味道的，那一刻，他们真的就能够闻到！因为所有曾经进入身体的感觉，都储存在身体里——等待感情的唤醒。

三

我们小区的球场很快要变成塑胶跑道了，球场都放过开工的礼炮了，主席台上也搭起了工棚。爸爸说："塑胶跑道很好看，很漂亮，而且现在球场不是正规的球场。塑胶跑道不容易摔伤，而现在的跑道一摔跤就会擦破皮淌血。"

但我不这样认为，我很多同学也不这样认为，因为我怕：春天不能在这放风筝；夏天不能捉蜻蜓；秋天不能捉蚂蚱；冬天不能玩雪。还能不能像去年冬天和爸爸在大雪纷飞的早上在厚厚的积雪上写一个"福"字，还能不能找到自己的快乐。我不知道其他小朋友为什么也讨厌塑胶跑道，我就和他们一起踢礼花的圆桶来解气。踢着踢着，我们想到了一个好玩的游戏，一些人在主席台上面，一些人在下面，用一些放过的礼炮盒扔人，有一个人被打到了，流了鼻血。我们都吓坏了，停止了游戏。后来我们发现了没点燃的礼花，就把它点燃了，礼花飞向空中很漂亮。

这就是我们现在球场的快乐。以后还会有这种快乐吗？我不知道，但我希望有。

（尤毅晗《我们的球场》）

爸爸的判断是多数教师、父母、领导的判断。

在成人的眼里，球场只是球场，除了对于人类的用处和方便别无价值。成人对于蜻蜓、蚂蚱、花草、土地上的雪人没有感觉。造成这种心态的原因，是生命一体感、宇宙韵律感的缺失。

大地是人的母亲。泥土不能自由呼吸的地方，人的生命也必刚硬和残缺。

"现在的跑道一摔跤就会擦破皮淌血。"须知，摔倒对于孩子是必须和珍贵的体验。摔倒的体验，将教会孩子谨慎和尊重环境，赋予孩子身体的智慧——自然操场所蕴含的教育养分，而安全的塑胶跑道何可比拟。

行惯了平直无碍的广场和跑道,人会在不知不觉中蓄下撒野、喧闹的冲动,这也是现代人越来越不懂得谨慎、从容、浪漫、安静的原因。

四

远远望过去,他们仿佛密不透风,无法进入。但等我一走近,他们的树干就豁然分开。他们谨慎地欢迎我。我可以休息、纳凉,可是我仿佛觉得他们在注视我,对我并不放心。

他们聚族而居,最年长的在中间,幼小的,其中有些柔嫩的叶片才刚刚生起,到处都是,从不分离。

他们活得很长,不易死去;即使老死的还挺立着,直至化为灰烬倒地。

他们那些修长的枝柯互相抚摸,像盲人一样,以确信大家都在。每当狂风劲吹,想把他们连根拔起,他们就张拳怒目,挥动手臂。平时他们只是和睦地轻轻细语。

我感到这里才是我真正的家。兴许我将忘记我的另一个家吧。这些树木将会逐渐接纳我,而为了配得上这份雅意,我学会了应当懂得的事:

我已经懂得凝望浮云。

我也懂得了守在原地不动。

我几乎学会了沉默。

(列那尔《一个树木之家》)

9月13日,学校就"摸底考试"召开家长会,同时展示鼓号队训练成果。就在那个下午,在震耳欲聋、震心欲碎的鼓号声中,看云带着家长朗读列那尔的《一个树木之家》。

作为语文教师,我只拥有语言的苦草,比起挖掘机,语言的苦草何其柔弱?然而它是坚韧和生生不息的。只要愿意,我就可以用它,在这发疯的环境中为孩子结一个小小的庐,为将来保存希望的种子。

只要"感觉"在,希望就在。

2013 年 12 月 23 日

梅花、橙子、爆米花

一

15日期末考试,这是学期最后一篇工作日志。

孩子们的日记也是学期最后一篇。

"薛啊,这一届孩子怎么这么好!复习都两个礼拜了,个个还这么精神头十足,一点疲沓的感觉都没有!"走廊上,四(1)班的王秀凤老师抓住我的手如此感慨。

"还是因为每天都有新东西啊,"看云说,"每有新知进入,所有旧知都会为之一动。这是与温故知新一样的事实"。

除了诵读、吟诵、班级、图书,本班还有讲述。这学期主题是"希腊神话故事"。最后三周讲述《科瓦奇讲植物》。寒假亲子共读作业是朗读《科瓦奇讲植物》,重读《永远讲不完的故事》。因为讲述,有些孩子现在就开始了。

> 于是我开始高声朗读了。你可知道我是怎么朗读的吗?让我来告诉你吧!我是先朗读一段,如果读得不熟,就再读;看见什么好句子就轻轻地画上横线,表示要记住。
>
> 我现在已经把这本书的《太阳与大地之间的植物》和《会飞的小星星——蒲公英》读完了,同时也知道是什么意思了。《太阳与大地之间的植物》是说在冬天的时候,不光

是人类怕冷，植物和动物也都怕冷。想象有成千上万的种子埋在大地中，它们不怕冷，而且像天上的繁星……《会飞的小星星——蒲公英》是说在春天和夏天会看见小星星在飞，那就是蒲公英，蒲公英金色的的花瓣像小太阳……

（王瑞熙《买书》）

二

到了期末，日记是否用力，也是考量孩子学习状态的重要方面。

由于天性，也由于教师的持续激励，这班孩子对植物的钟爱持续了整整一年。飘风不终朝，骤雨不终日。持续一年的看进和记录，必定在孩子那里沉淀为一种稳定、可贵的品质；非得"持续一年"的看进和记录，才能在孩子那里沉淀为一种稳定、可靠的心性。

看云相信，能把静默的植物看进写出的孩子，无论写人还是记事，都将游刃有余。所以从2013年春天开始，引导孩子盯住植物看，倒不是有意让他们从硬骨头啃起，而是教师隐约觉得：这个年龄的孩子，对植物有一种介于理性观察和感性交融之间的微妙互渗，过了这个阶段，即便能够写得生动细致，说不定会少了一种温软与亲切。

至于写人和记事，倒不是太着急的事情。整个小学阶段，学的就是写人记事！用一两年时间浸润于植物世界，恰能为写人记事的训练疏通空间，储下灵气。

> 说起仙人球，我想大家都不陌生。仙人球不仅没有玫瑰的美丽，也没有百合的芳香，更没有月季的可爱，可我偏偏喜欢这个满身是刺的大家伙。
>
> 仙人球的外表并不惹人喜爱，长着一身会扎人的刺，我们一家都被它扎过。婆婆几次想把它拿走，可是我不同

意，因为我喜欢这个满身是刺的大家伙。

仙人球的优点很多，我最欣赏的一个优点是生命力顽强。有一次，我们全家去了老家，一个星期都没有人给仙人球浇水，我很担心它，担心它干死了。但是它给了我一个惊喜：它还是老样子，坐在花盆里冲着我傻笑。因为它的生命力顽强，所以我喜欢这个满身是刺的大家伙。

我查了资料，仙人球本来是有叶的，但为了不在沙漠里干死，叶子就进化成了刺。我可真喜欢这个满身是刺的大家伙。

我家的阳台上，有一盆仙人球，我非常喜欢它，喜欢这个满身是刺的大家伙。

（《黄昕茹《仙人球》》）

三

无论是否有意，也无论我们做得对与不对，语文教师不可避免地要成为每一个学生家庭里的"重要他人"。看云很高兴在"植物故事"里看到孩子父母的身影，看云也总能自作多情地从中读到自己的影响。

在风中远望着梅花，犹如一群群在翩翩起舞的小姑娘。我家院子里的梅花是金黄色的，梅花有五片花瓣，花瓣越靠近花蕊，就越嫩。雄花蕊上有花粉，我用手指摸一摸，再尝一尝花粉的味道，呀！好甜！没想到花粉有这么甜！我好奇地把鼻子凑到梅花面前，还没等我闻呢，香气味儿全都塞满了我的鼻子！太香了，不说香飘十里，我家院子里，腊八节过后，全家人都浸在梅花香中了。现在的梅花，有的用手轻轻一碰，就掉了；有的还是花苞，胀得鼓鼓的，好像就要破裂似的；有的完全盛开了，那时是最香的！

（奚悦扬《梅花》）

开始发豆芽了。爸爸先将豆子泡"胖"，然后放到淘米箩里，每天洒一些水，最后放到潮湿而又通风的地方。第一天，我看见豆皮脱落了，豆子咧开了小嘴。第二天，我看见嫩嫩的小芽好奇地探出了小脑袋，两片嫩嫩的小叶子就像小鸭伸出的舌头。第三天，小芽长高了，长壮了，就像白鹅伸长了脖子。第四天，等到豆芽长高到了大约10厘米，我们一家人一起动手把豆芽的根剪掉，用盐水泡泡，洗干净。妈妈把豆芽拿进锅中炒，锅中不时发出声音。过了一会儿，豆芽熟了，我们品尝着自己发的豆芽，啊！又好吃，又有营养，又卫生。

（吴宇明《发豆芽》）

过了两天，蒜瓣的顶端就裂开了一条缝，露出了浅绿色的芽，用手摸一摸，软乎乎的。根部长出了一些短短的须，这时我突然觉得蒜瓣快要倒了的样子，就想把它们往下按一按，妈妈看见了就说："小傻瓜，别按了，会弄死它们的！"我急忙停了手，并且想起了第一天种蒜苗为什么不要土的原因。妈妈说了："蒜瓣本身就有养料，只要温度适中，有充分的阳光、空气和水，没有土照样能生长的！"噢！原来是这样！我心中的谜解开了。

蒜苗长得很快，那玉白色的茎，碧绿的叶子，拥在一起活像一片小竹林，那长长的根须，都牢牢地立在盘子里，纵横交错，又像一支训练有序的军队。

蒜苗长到半尺高了，妈妈说："可以吃了！"我咬了一口，甜丝丝的，真是太好吃了！

（何智豪《种蒜苗》）

四

1月11日，星期六。上午，看云端着录像机给即将消失的旧操场录像。一边录一边说："旱了这么久，偏偏这两天下雨了。只要一场雨，你就回报我们以如此清新的空气！连续干晴的日子里，你尘土飞扬，这不怪你，因为人应该给你洒水。再见了，我的操场！你默默为我们服务了这么多年，在这即将离去的日子里，总得有一个人对你说：'再见！'总得有一个人对你说：'谢谢！'"

现在小区的操场让给学校了，听说是把现在的菜市场给小区。同学们经常在一起争论不休，说："不应该把操场给学校，这是小区的操场！"可是争论有什么用呢？现在更可怕的是，施工已经开始了，操场马上就要变成塑胶跑道啦！

在上语文课的时候，薛老师也讲了塑胶跑道的事情，老师说："原来的老操场，变成了塑胶跑道也是有一些好处的。老操场长时间没人打理，所以有很多安全隐患。""对！我们在球场上踢球的时候非常容易摔倒，那上面有很多坑！""这就是长期没人打理导致的结果！""下雨天操场上还会积很多水。""那是因为长年不换新土而造成的。"

听说这次采用的是很环保的材料，塑胶没有怪味，草虽然是假的，但它也没有那种刺鼻的味道。怪味闻多了会中毒的。以后操场就围起栏杆了，我们可不能随随便便地进去放风筝、踢球、玩耍……只有星期六和星期天开一个小门，让人们进去。

唉！就算老操场再旧，我们也爱它，怀恋它。

（郭恒祎《这样真的好吗》）

五

三年来，一直有孩子在《行行重行行》下面跟帖发日记。每到期末，就要根据所发日记篇数给孩子兑奖。四年级了，看云以为吃的东西不再有诱惑，然而不然！

这个星期三，薛老师叫我们把书签带来。因为这学期快结束了，我们要用发日记所得的书签换礼物。

下午，我把书签带了过去，交给薛老师。薛老师让我们放学来她办公室领奖，我和同学们都期待地猜着奖品是什么。

终于，放学铃声响起了。我风一般地赶往薛老师的办公室。薛老师说书签在五个以下的领一个橙子。结果，五个以上拿笔记本的同学都很羡慕我们。因为那是纯天然、无公害的正宗江西橙子！

回家的路上，我不小心将橙子掉在了地上。我心疼地捡起来，发现开了个小口子。我闻到了一股清香的味道，忍不住舔了一下。顿时，一种清爽无比的感觉流满了全身。酸甜可口，美味极了！

一到家，我就迫不及待地切开橙子。本来想给妈妈留几片的，可是在不知不觉中，我已经把所有橙子都一扫而光了。唉，我真后悔没给妈妈留一片，下次得到一定给妈妈留。

（李想《换礼物》）

六

学校门口来了一个炸爆米花的,"砰""砰"的声音引起看云温暖的回忆。小时候,每到年前,看云总要带着布袋、一罐糯米或玉米,在这样的摊子跟前排队。"嘣"!脆热的炒香在空气中迸射——那份喜庆,那种诱惑,精致的袋装炒货如何可以比得!在这辞旧迎新的日子里,看云借下面这篇日记,表达对自己、对全班孩子的新年祝福。

快过年了,到处都洋溢着过年的味道,比如说办年货、杀鸡、宰羊……不过今天我在姥姥家仓库的门口看见了炸冬米。

炸冬米只有在冬天的时候才能看见,听大人们说炸冬米是为了做"年宝圆"。以前,我只看到现成炸好的冬米,但今天我却目睹了整个炸冬米的过程。

原来炸冬米是这么一回事:只见老爷爷先用一个塑料杯量好一定的糯米,然后把糯米放进一个圆圆的炒锅,然后盖紧盖子让糯米在炒锅里转来转去,等转了五六分钟后,糯米就会炒熟了!这些熟糯米就会变成冬米,但你不能急着打开炒锅,先要把它对准一个圆柱形的笼子,笼子后面还接着一个老大的布口袋,只要用脚把炒锅盖子一踩,就会发出巨大的"砰"声!这样之后你才可以把炒锅里的冬米完全倒出,哇!无数颗冬米呈现在你的面前呢!

我迫不及待地尝了几颗,呀!这冬米炸的真是好吃!

(康玟君《炸冬米》)

2014 年 1 月 13 日

日记点评（二）

一

照例表扬和朗读佳作。朗读的佳作按内容分为三组。首先朗读动物故事。

我家有一条小狗，它的名字叫泡泡。泡泡很可爱，我为什么给它起名字为泡泡呢？那是因为泡泡喜欢玩我吹的泡泡。

记得那年有一天我正闲得无聊，就在这时泡泡出现在我的眼前，看见了泡泡我眼珠一转就想："我不如带泡泡吹泡泡去。"于是我拿着吹泡泡的工具吹出一个个泡泡，泡泡以为我吹的泡泡是蝴蝶在空中飞舞，所以就向泡泡扑去，扑了一个炸掉了，泡泡吓了一跳，跑到我身边旺旺地叫了两声，像是在说："对不起，对不起。"

泡泡的嗅觉也很敏锐，有一次我和它玩捉迷藏，不管我藏到哪里，它都能靠它的鼻子找到我，每一次找到我了，我就对它说一声"你真棒"，听到我的夸奖它高兴得直跳呢！

泡泡是我最好的朋友。

（王瑞熙《小狗泡泡》）

老师点评：

记住你们现在的感觉，想一想为什么在听到题目和第一段的时候你们就笑起来并且兴致勃勃、全神贯注！老师批改的时候也是这样。这就是好的题目、好的开头以及习作内容紧贴生活得到的奖赏！

  奶奶家养了一只又大又肥的老母鸡，至今都没有把它给杀了，因为它和我的感情不一般哦！

  它的头上戴着一顶红色的王冠。别看它老哦，它有着一个壮壮的身子和一双宽大有力的翅膀。最重要的是，它还有一个尖尖的喙，可厉害了！它整个身子像一只弯弯的小船。

  有一次，我和老母鸡在阳台上玩，我用苍蝇拍拍了它的屁股，它的心情突然发生了变化，从高兴一下变成了生气，立即就用它自己最厉害的武器——喙，来捉我。我吓了一大跳，赶紧跑了起来，而它却在后面拍打着翅膀追我，由于阳台中间的空间不大，于是我就冲出了阳台，又赶紧关上阳台上的门，这下事情总算了结了。当它心情好的时候，我每次给它喂食，它都在"咯嗒，咯嗒"地叫，好像在说："谢谢，谢谢！"而且弄它也不生气。

  这就是我最喜爱的老母鸡，它很可爱吧？你家里有没有像这样的老母鸡呢？如果有的话，就写篇作文展示展示吧！

（何智豪《奶奶家的老母鸡》）

老师点评：

你们看到了，老师其实是边表演边朗读的。为什么何智豪能把老师的表演热情调动起来？因为他写得活灵活现、干净利落，充满母鸡的斗志！"你家里有没有像这样的老母鸡呢？如果有的话，就写篇作文展示展示吧！"听见没有，何智豪给你们下战书了！当然我们不必都写老母鸡！

二

第二组是关于春雪的两篇。

下雪了！我拉开窗帘一看，外面白茫茫的一片，松树披上了一件白色外衣，被装扮得像圣诞树一样，挂满了"吊坠"。天上飘着鹅毛大雪，就像仙女在空中撒下了一层层白色的花朵，大地像披上了毛毯，被覆盖得严严实实，楼下矮树像一个个白色的圆球。眺望军区，那里更是白茫茫的一片，似乎一望无际。

回家的路上，我看见洁白的雪花有的爬上了汽车，有的跳到了行人的雨伞上，有的淘气地钻进了行人的衣领。路上汽车三三两两，行驶得非常缓慢。

直到中午，雪还在纷纷地下着，我和几个小伙伴一起去玩追雪的游戏，雪一会儿落在这儿，一会儿落在那儿，像在跟我们玩捉迷藏似的。我们在雪地里快乐地奔跑着，发出"咯吱、咯吱"的声音，像是踩在棉花上那么松软。还有许多孩子在堆雪人、打雪仗呢。你看我们玩得多开心啊！

雪，你是冬爷爷送给人们最美、最珍贵的礼物。我也非常喜欢下雪。

（王婕妤《下雪了》）

老师点评：

我们盼了一个冬天的雪，过了春节才降临！写雪的日记不少，是什么让王婕妤的这一篇脱颖而出？因为她对雪景、对雪花飘舞的姿态观察得仔细，但这些都不是最重要的，最重要的是她写了"追雪"。其实"追雪"的事我们都做过，可我们很少想起来写"追雪"，太幼稚了是不是？于是在众多打雪仗、堆雪人的热闹场面中，"追雪"的天真和安静一下抓住了老师。而大家都扎堆儿写的堆雪人、打雪仗，她却一笔带过。再听：

"我和几个小伙伴一起去玩追雪的游戏，雪一会儿落在这儿，一会儿落在那儿，像在跟我们玩捉迷藏似的。我们在雪地里快乐地奔跑着，发出'咯吱、咯吱'的声音，像是踩在棉花上那么松软。还有许多孩子在堆雪人、打雪仗呢。你看我们玩得多开心啊！"

明天我们要学的课文是《苹果里的五角星》，王婕妤的追雪也是苹果里的五角星。轻轻变换一下观察角度，日记内容立马就新颖了。

今天上体育课时，程老师让我们在操场上自由活动。来到操场上以后，由于前几天刚下的雪，雪还没有融化，放眼望去，一片白茫茫的。

我一脚踩上去，雪地上顿时出现了深深的脚印。不知是谁带头玩起了打雪仗这个游戏。我们女生们组成了一队，男生们组成了一队，两队人就这么相互打起雪仗来了。只见奚悦扬敏捷地搓了一个雪球，重重地向男生扔去，正好扔到了一个男生的衣领里，全班同学见了，都哄堂大笑起来——除了被砸中的那个男生。正当同学们在笑的时候，一个雪球正好打到我们一个女生的嘴巴边上了，不仔细看还以为是她馋雪流了口水呢！于是，我们全班同学又大笑起来。

时间一分一秒地过去了，转眼就下课了，我们依依不舍地离开了操场。

（吴宇明《打雪仗》）

老师点评：

这节体育课也有不少同学写到。刚才还说打雪仗不容易写出彩来，这一篇的亮点在哪里？对，男生和女生！读完这一篇，被雪球击中的男生和女生给我们留下了深刻印象！我不知道作者是否有意这样安排，一个男生、一个女生，这两个人的狼狈相映成趣，又对称又干净，整篇日记就站起来、亮起来了！虽然篇幅不长，但只要有一处令人印象深刻，短也成了优点！这叫什么？这叫短小精悍、兵贵神速！拖拖拉拉，啰哩啰嗦——就不是打仗的劲儿了！

三

第三组是关于同一件事情的不同记述，对比阅读很有意思。

"快来看！可可跳蚤市场开业啦！这里可以购物、捐物、换物。快来看看吧！"小菠菜大叫。小菠菜和刘爱媛、朱润琬在江南新村门口组织了一个跳蚤市场。

小菠菜带了一些杂志和一些小玩意。刘爱媛带了一些书和一个玩具——海宝。朱润琬带了一些书和一些糖果。我们用一块布垫在下面，就开始买卖了。

一开始，路过的人们不是在一边看了我们几眼，就是在旁边议论纷纷，没有想买东西的打算。小菠菜觉得口渴，去买水了。回来时，刘爱媛说："刚才有一个人，想买你的笔芯。可是我们不知道价钱，你又不在。"小菠菜心情一下如同从十八层楼上掉下来一样！这时，有个阿姨带着一个小孩，想买刘爱媛的玩具海宝。刘爱媛高兴得不得了,眉开眼笑,就按八块钱卖给了她。

随后,小菠菜不再羡慕刘爱媛了。哈哈!一会就卖了四个发卡和两个笔芯呢!成功地得到了九块钱!吴轻飞和杨羽西也知道了这等好事,赶紧回家用一些大白兔奶糖和我们换了几本杂志。

今天真是个阳光明媚、无比快乐的日子啊!

(汪博涵《可可跳蚤市场》)

好多人都说:"看看这些小姑娘,这么小就卖东西,真不错。"可是他们都不买。

突然有一个阿姨带着一位小弟弟在我的摊子上看了看,那位小弟弟喜欢我的海宝,那个阿姨就问:"这个多少钱?"我说:"8元。"那个阿姨给了10元,我找了她2元。

(刘爱媛《做生意》)

我和杨羽西左看右看,看中了一本杂志。有人想买,可是没有带钱,有人看看又走了。唉,做生意真的很难!我问汪博涵以后还在这里卖吗,汪博涵说以后每个星期天都会来的。

我太佩服他们的胆量了。但愿我也会实践一次。

(吴轻飞《跳蚤市场》)

老师点评:

两点建议——以后就在家属区摆摊子,往来大多是熟人,安全有保障。如果旧玩具之类的东西有破损缺陷的地方,一定要向顾客说明。这关系到商业道德。商业道德就是对陌生的人诚实守信。对陌生人诚实守信,才是真的诚信!这样的社会,对于每一个成员才是安全、可靠的。

"对啊!""就是!"四年级的他们似懂非懂,然而深有感触。

就在这一刻,课堂气氛由轻快转为严肃。一种令孩子感觉自己成人一般受尊重的沉甸甸、可自豪的严肃。这就为下面要做的事情做了铺垫。

  教育工作者必须清晰地记住这项实事。必须确保孩子们的全人都被触动。从这个角度来考察讲传说和神话故事的过程。如果你们对故事有正确的感受,并且发自内在的品质有感而讲,那么孩子的全人都能感受到所讲的东西。这样才真正是给孩子的情感体讲故事。

  (斯坦纳《斯坦纳给教师的实践建议》)

四

"写给刘雨彤同学的一封信"——
听到题目的一瞬间,全班肃静下来。

亲爱的刘雨彤同学:

  你好!今天是开学报到的日子,大家都说你走了,可是我怎么也没办法相信。但是就在刚才,我走进教室的一刹那,我发现你的座位空荡荡的,这下我才明白你不会再回来了。我的心情一下子变得非常沉重。

  我的脑海中一下子浮现出许多关于你的片段:上语文课时,你积极举手,大胆吟诵;上数学课时,你开动脑筋,大声答题;上英语课时,你不怕挑战,大方对话……现在都只能成为我们美好的回忆了。

这时，王老师含着眼泪告诉我们你已经离开我们，成为天使了。王老师叫我们每个人给你写一段祝福，放到你课桌的抽屉里，然后让我们全班对着桌子说了三遍："刘雨彤，走好！"那一瞬，我们都哭了。

　　那张课桌已经搬走。虽然你远在天堂，但我相信，你一定会收到我们的祝福。

　　此时此刻，我只能把对你的思念和不舍化成一句祝福：刘雨彤，愿你在天堂能成为一个快乐的小天使，一路走好吧！

　　如果有来生，我希望我们还能做同学！

　　祝你天天快乐！

你的同学：袁文轩
2014 年 2 月 16 日

　　老师哽咽了，很多同学泪眼蒙眬。这一刻，"同学"二字沉甸甸地压在每一个人的心中，显出前所未有的分量。而这封信，实在是说出了全班同学的心里话。

　　阳光灿烂的 2 月 15 日，开学的前一天，送走刘雨彤之后，王老师和看云一直为怎么跟孩子们说这件事忧心。

　　我们的做法是：开学第一天，2 月 16 日，班主任带领孩子在教室里举行简短真挚的送别仪式。在这件事情当中，作为"大家长"的班主任，具有无可争辩的权威。

　　之后整整一周，课堂气氛沉郁，无论老师怎么调动，孩子也不能真正兴奋起来；而老师自己，实在也不能做到真正兴奋。现在想来，这种状态是自然的、珍贵的。

　　一个星期过去了。如我所料，有同学在日记中写到了送别仪式和对刘雨彤的怀念，选出这封信并在"这个时间"朗读，为的是不做痕迹地给孩子以及自己一个诉说、纾解的机会。

"过去的一周，我们有的伤心，有的想念，还有的感到害怕，这都很自然。这么好的一个同学离开了，谁都不能接受！想念的时候，老师就看她的吟诵视频，想到她在我们班度过的日子是那么快乐、幸福，心里就好了很多。"

春暖花开，再次讲述《科瓦奇讲植物》的时候，不必说到这件事，"蛹化蝴蝶"自会带给孩子新的开示和抚慰。

> 上帝创造像毛毛虫这样奇怪的生物是有原因的。上帝透过大自然对我们诉说他无限的智慧。上帝要借由毛毛虫的死去并重生为蝴蝶来告诉我们一些事。
>
> 所有的人类都会死。所有人有一天都会像毛毛虫一样死去，变成无生命的空壳。但是就像灿烂的蝴蝶从蛹中重生一样，我们也会在上帝天上的国度重生为灵魂。当然，我们在天堂的灵魂并不会看起来跟飞舞的蝴蝶一样，蝴蝶只是上帝对我们启示的意象。
>
> 当上帝创造蝴蝶时，心里想着："地球上的人们会因为深爱的人死了而感到悲伤，我会展现给他们看，毛毛虫死了，却会重生为美丽的蝴蝶。这会让人们知道要振作起来，死亡不是终点。就像灿烂的蝴蝶从毛毛虫的死亡中重生，你也会在死后重生为美丽的灵魂。"
>
> （科瓦奇《科瓦奇讲植物》）

2014 年 2 月 24 日

编 次

《论语》的"论"是编次的意思。孔子删定诗书其实就是"编次"诗三百,从而"雅颂各得其所"。

以下是今天上午最后朗读的三篇日记。括号里是点评的话。注意顺序。

一

中午,我在外婆家吃完饭,我悠闲地走在路上。

突然我看见一只母鸡站在阳台上的栏杆上,我的好奇心一下子提高了很多。我停下脚步,眼睛眨都不敢眨一下,我生怕错过了什么。("几楼阳台?"老师问。"二楼。"作者答。"我想也是!即便这样,我还是想问一下,对母鸡外貌的描写是你想象的还是真切看到的?""真切看到的。""多么好的眼睛!要好好保护!")

母鸡黑黑的眼睛,尖尖的喙,黄色的羽毛,显得很机灵可爱。只见那只母鸡"咯咯哒、咯咯哒"叫着,这一只小母鸡的主人可能不在家,临走的时候没有给母鸡一些食物。大概是主人忘记了吧?那一只母鸡在栏杆上走了几步,看到楼下一群小鸡,她很想跳下去,可是她还是犹豫了。最后她鼓足勇气,跳了下来!她下落的动作很优美,可惜我没有看仔细。

这真是一只勇敢的母鸡!

(朱润婉《小鸡跳楼》)

二

给刘雨彤的信

最亲爱的刘老姐:

你好!("最亲爱的刘老姐",老师喜欢这样的称呼和开头!一听就是大大咧咧的骆慧娟在说话。真切,有个性。上次袁文轩的信是代表全班写的。这一封就不一样,是好朋友写的。)

这已经是你去世的三星期零一天,当你去世的时候,我们全班都沉浸在悲伤之中。("三星期零一天",紧紧抓住并刺痛了老师的心!只有好朋友才会这样计数朋友离开的时间啊。)

让我给你说说这几个星期班上发生了什么事情。薛老师又发了一张歌词给我们,歌词是电视连续剧《三国演义》插曲《卧龙吟》,这首歌是写给诸葛亮的,可我并不觉得写给的是诸葛亮,而是写给你的。(骆慧娟没有说为什么会这样觉得。而我是知道的。因为刘雨彤是最喜欢吟诵的,骆慧娟你知道吗?老师在听你们学唱的时候,眼前也仿佛看到、听到刘雨彤的样子和声音呢。)

班上的座位又换了,我猜你一定想知道我和谁同桌,对吧?(女孩子都是喜欢八卦的!说完刘雨彤最喜欢的唱歌,当然要说因为她的离开而调整的座位了。)我跟你说,我又和胡景博坐在一起了。你的老同桌吴尔印又和汪博涵坐在一起了。王文瑄和王婕好终于不坐在一起了，他们都换了同桌了。（唠唠叨叨，叽叽咕咕！然而女生之间正是如此！）

还要和你说一件事，我们又换校长了。（报告第三件事。这样的顺序很有意味！）他姓李，是个男校长。他对我们挺好的。（校长和刘雨彤听到这一句应该都很高兴！老师在办公室里说："可千万不敢不对孩子好！天上有眼睛看着呢！"）

刘老姐，希望你在天堂是一个快乐天使，希望你不要总待在天上，早早从天上降到人间陪伴我们上课。上课是多么快乐的一件事情啊！（"上课是多么快乐的一件事情啊！"对于老师来说，这是最高的评价！谢谢骆慧娟！）

爱你的老妹：骆慧娟

2014年3月9日

三

薛老师说过世界上有天堂，后来我才认为薛老师说的是真的。（关于天堂，有人相信，有人不相信。相信不相信各有理由，但是我相信：相信有天堂的人比不相信有天堂的人温软可靠。）

因为我的爷爷去世了。过了好几个月都没有听见爷爷骂我和对我说话的声音。（呵呵！这就是男孩子的心情和语气，丝毫没有夸大爷爷的好和自己对爷爷的感情。）可是就在今天，妈妈对我说她梦到爷爷了，在一个奇怪的地方，那里只有草，爷爷就在那里。（有草的地方总是不错的。爷爷去了一个平静但是洋溢着生命的绿色的地方，虽然只有青草，也可算是天堂呢。）爷爷还对妈妈说：不要担心我，我在这里很好。

我问妈妈为什么我没有梦见，妈妈说："因为你还太小，爷爷怕你担心所以没有梦见。"（妈妈的回答很好。善良的人总是用善意揣度别人。而事实也是如此，爷爷确实不想惊着你，怕你害怕。）

我想爷爷正在天堂看着我和哥哥，我一定要好好学习，天天向上，不让爷爷失望。（所有离开的亲人和朋友都在天上看着我们，我们的好和不好都和他们有关系，所以我们真的要好好学习、天天向上！听了这么多，也该我们出声了。打开课本，翻到第58页。朗读成语。）

（李志宝《梦》）

2014年3月10日

又是春天

一

"根据华德福理念，一月一个主题。"看云说。

"那好烦！"老君应道。

"一年又一年，同一个月的主题不变。"

"这还差不多。"

又是春天。日记点评的主题自当"又是春天"。

鼓励孩子盯住"正在发生的"写，就是训练孩子"真实的力量"。

"干净的结尾"是我们执着的追求。

"干净的结尾"令我们对《你相信有仙子吗》一再赞叹！

"干净的结尾"是以下所录日记的共同亮点。

二

桃花小小的绿叶衬托着粉红色的五片花瓣，每片花瓣和另一片花瓣的中间各有一条细缝。小小的绿叶就从这细缝中间长了出来。

（王婕妤《桃花》）

啊，只要把花梗放在手掌中间一搓，蒲公英就旋转着飞起来了！

在回家的路上，我告诉妈妈，蒲公英花可以这样转。妈妈听了便说："你摘了蒲公英的花，这不对。""可是语文书上第四十一页，里面的《真知》的最后一句是这样说的：'只有用探索这部钻机，才能探知他的秘密'！"我说。妈妈听了警告我："这是最后一次。下次再犯，对你就不客气了，听到没有？""听到了。"

到了家里，我手上的蒲公英花——体育课摘的，已经快枯萎了，还有最后一口气，仿佛在说："人类……终于……发现……我们蒲公英花是可以……转着飞上天的……"

（王苏苏《蒲公英的新玩法》）

油菜花的颜色之所以引人注目，还因为这种颜色叫作明黄。油菜花的萼片是四个，花瓣也是四朵。油菜花有一个短的雌蕊柱头，四个比雌蕊长的雄蕊，还有两个比雌蕊更短的雄蕊。如果你用手去碰一下雄蕊，许多黄色的花粉就会掉下来。而且油菜花是十字花科的，告诉你们一个秘密，有一种蝴蝶叫作菜粉蝶，它们只可以吸食十字花科的花粉，也就是花瓣呈四片的花，如果吸了五瓣或者六瓣的花，就会死去。

（李雯琪《油菜花》）

其实摘蒿子还不算累。只是蹲着站起来后（每次都是这样）头晕眼花，耳朵嗡嗡。妈妈说："以后要多跑步，多锻炼，才能有好身体。"

原来春天还在苍耳里呢！我找啊找啊，等妈妈回来，我把29个"金奖杯"给妈妈看，以为妈妈会夸赞我。谁知结果却是："这些都是死的！"突然，我的大脑像洗过一样清醒，我这才看清：青色的才是活苍耳。这些灰色的苍耳，是去年留下的苍耳壳！

哪儿都有春天，我在操场上也找到了春天。

（韦依池《操场也有春天》）

我仔细观察了一株油菜花，发现它上面的花苞为青绿色，快开花的头上有点黄。油菜花开花的地方不长叶，长叶的地方不开花，叶子在根部。油菜花有六根雄蕊和一根雌蕊。雄蕊的头是金黄色的，上面都是金黄色的花粉，用手一捏，手上就全是花粉。花上有四片花瓣，花瓣数与萼片数相等。子房和雌蕊都是绿色的，两个很容易弄混。

我已经被花臭得不行了，但妈妈还陶醉其中，她还说要去花丛中走一走。等我们走出来的时候，衣服上已经都是花粉了。我靠近鼻子一闻，"阿嚏"，打了一个喷嚏，妈妈也打了一个喷嚏。这是被花粉呛的。我和妈妈你看看我，我看看你，全都笑了。

（郭与然《油菜花》）

三

我喜欢看原来的录像，因为在原来的录像里才能看到你，让我觉得你还在。当然这都不可能了。

大雪纷飞的日子里，你完成了自己的使命回到天上去了。再见了，来世我们还做同学。

（郭恒祎《给刘雨彤的信》）

黄狗拼命追着白狗咬，白狗只是在躲避着黄狗。有一个回合，白狗先是躲到了对面车子后面，黄狗就从车子另一侧过去。结果，连个影子也没有见着，聪明的白狗已经躲到另一辆车子旁边了。

最后，黄狗费了好大的功夫，终于找到了白狗！然而，只这么短短一会儿的工夫，它俩又和好如初了！还像原来一样，你舔我，我舔你。

（杨羽西《朋友打架》）

王老师在家休息的日子里，大家都说王老师是被吴尔印气晕的。我就不信。如果吴尔印能把王老师气晕，那么我就不知道要被他气死过去多少回了！

（李想《王老师生病的日子里》）

四

今天的点评是用一首小诗结束的。作者黄昕茹，题目《在春季》。

春季是大自然的奇迹
在春季
每个人都才华横溢
春季是大自然的奇迹
在春季
每一天都有巨大的惊喜
原来春季
是这么奇异

2014 年 3 月 31 日

教材例文和弟子日记

一

第五单元习作内容是写植物。

"读读下面的作文,也许对你会有启发。"

这是苏教版教材提供的例文。

我家门口的植物

我家门口有两棵杨树,还有好几棵香椿树,树下长满了青青的草。

杨树很高,枝叶繁茂,在大门前投下了一片阴影,是夏天乘凉的好地方,一棵棵香椿树就显得瘦小了。这不奇怪,因为春天它长出来的第一批嫩芽,统统被我们吃光了,它为我们作出了重大牺牲,当然长得远不如杨树茁壮了。

我忽然发现香椿树朝南的一面枝叶长得比较茂盛,再抬头看看杨树,杨树也是如此。我问爸爸这是什么原因,爸爸只是说与阳光有关,具体的原因也说不清楚。前不久我从《少年科学小百科》这本书中找到了答案,原来植物发出的芽的末端可以发现光线的来源,然后就往有光的方向长,所以朝阳的一面枝叶茂盛。阳光对植物非常重要,有了阳光,植物的叶子会制造出叶绿素,叶绿素会把根吸收来的水分、养料和叶子吸收来的二氧化碳制造成淀粉，供植物生长用。植物制造淀粉的同时会产生氧气，连同多余的水分一起从叶面散发出来。

看来，植物真是我们的好朋友啊！于是我也制作了一块木牌子，写上"芳草青青，踏之何忍"八个字，插在门口的草地边上。

吴轻飞朗读结束。

"说说看，这篇例文你们以为如何？"

"不怎么样。"几个孩子嘀咕道，声音有些犹豫。

"感觉很对！要相信和坚守这种感觉！"老师大声说，"为什么说它'不怎么样'？"

"没有抓住一点写。""空。""套话。"

"说得好！不用力抓住，就容易写空。我们班的李雯琪，一片槭树叶就能写一篇。再看这篇：杨树、香椿树，还有青草，一篇三样——够他写的了吧？然而作者却没有抓牢'这三样'，反而偏到空洞里去了。老师说的是第几段？"

"第三段。"

"第三段最长，从头到尾说光合作用。光合作用存在于几乎所有的植物中。所以这一段离题最远，离'我家门口的植物'最远！最后一段是套话。这篇习作总体来说，虚浮、空洞；没有根、没有力。第一段很实在，第二段有没有问题？"

"呵呵！一棵棵香椿树就显得瘦小了。这不奇怪，因为春天它长出来的第一批嫩芽，统统被我们吃光了，它为我们作出了重大牺牲，当然长得远不如杨树茁壮了。"

"眼光不错。这两句确是闪光的地方。可惜作者没有接着往细致、实在的方向写，而是漂浮到了光合作用！这样的写作，不要用心，也不要有情，拿一些关于杨树、香椿树和光合作用的知识就可以编凑起来。所以啊——"老师提高声音自豪地说，"就植物而言，我们大部分同学都能比他写得好。因为我们的植物真实、具体、有生命；它们有着真实的位置、真实的样子和真实的味道！它们是在我们眼里、心里和笔下——用力地、一点点长出来的。只有这样的写作，才能让我们和植物、和世界建立起真实牢靠的连接，并且让我们自己变得真实、具体、有力量。"

主要是为了尊重"小作者"，看云从不批评教材例文，但是这一次不行了——毕竟我要对我的学生负责。同时我也希望那个被蒙蔽和误导的小作者能够得到点醒。

二

"第五单元习作免做。"老师宣布。

"呔！"

上午日记点评时间有 12 名同学获得表扬。以下是其中的几篇。

我家窗子的外面，有一棵无患子老树。去年冬天，这棵树看上去还是死气沉沉的，光秃秃的几根粗粗的树干，指向天空，显得孤独寂寞。我猜这棵树应该一百多岁了，但爸爸说："我知道的最少有十几岁，具体多大我不知道，但肯定没有一百岁。"我有点吃惊，这么大的树才十几岁，那千年古树该有多大！

但是我现在站在阳台上看着这棵树，又生机勃勃了。这棵树春天会长出青色的叶子，还会开出紫色的小花，时不时总会有一些小鸟在树丫上跳来跳去，它们一定很快乐。

到了夏天，叶子的颜色会从青色变成青翠欲滴的绿色。树叶更加的茂密了，你几乎看不见细的树枝。到了秋天，叶子会全掉落，结出黄澄澄的果子，在这时，会有很多鸟儿来吃果子，我尝过的，很涩，不好吃。

一年四季中，在这棵树的周围总能听见欢笑声。因为这树和围墙非常近，它们之间还有一根电线杆，所以有一些大哥哥在树和围墙之间爬来爬去，虽然这样很危险，但他们觉得很快乐。我也想爬，但我爬不上去。树下还有一个墓碑，是一只猫的墓。这只猫是我和很多小朋友一起埋藏的，我经常看见一些小朋友去拜这只猫。

无论四季怎么变化，这棵树永远会给我们带来快乐，我总会在家听到树下小朋友欢快的笑声。

（尤毅晗《窗前的老树》）

昨天，黄阿姨（我爸爸的同事）带着我和小姐姐（阿姨的女儿）一起去农田走走。

农田里，一片一片的麦子，现在的麦子还是发青的，远远望去绿油油的一片，还夹杂着几抹金黄与一阵淡淡的清香。

走近一看，麦子的顶部像玉米。阿姨告诉我们，它头顶上的叫麦芒，等麦子熟了，麦芒就会变硬，"现在还是软的呢！"阿姨说，阿姨告诉我们小麦仁可以生吃。

我拿起一颗小麦，用指甲把外面的一层较硬的壳弄掉，再轻轻地把软皮钩掉。麦仁好好吃！放进嘴里，便有一阵特别的清香扑来，用力咬下去，甜味出来了，与那种人工合成甜味剂味道不同。那种甜味很淡，不仔细你甚至尝不出来。

麦仁好吃，麦子好看。小麦可以说一身都是宝！

（张雪涵涵《小麦》）

我家养了四条小蝌蚪，已经养了二十五天了。

我想养蝌蚪是因为有同学把蝌蚪带到学校了，感觉怪可爱的，晚上我和爸爸妈妈就弄了四条回来。

我带回家的小蝌蚪不喜欢动，因为是晚上。但我第二天发现，养它们的鱼缸上青苔被吃了好多，它们用嘴贴着玻璃，把青苔吃下来。

这些蝌蚪长着黑黑的身子，后面长着长长的尾巴，尾巴像一个扇子，中间是黑的，旁边是透明的，一游一游，尾巴就一摇一摇的。

蝌蚪吃的很多：微生物、青苔、鱼食、面包、蝌蚪的大便（有点恶心）。

我的小蝌蚪现在长得可肥了！而且它的后腿也长出来了。刚开始是一点大，现在，有些蝌蚪的后腿都能动了，但是有一点点难。我看见了后腿生长的全过程，长前腿会是怎样的呢？长出后腿后，我会把它们放掉，因为那里才是它们真正的家。

[徐真松《小蝌蚪（1）》]

上次我说了我家养了四条小蝌蚪已经长后腿了，现在，有三条已经长前腿了。在我家它们已经待了三十一天了。

我的小蝌蚪养了三十一天，但是个头和以前刚带回家几乎一样，只不过原来用得非常熟练的尾巴已经有一点点僵了，尾巴外围原来透明的地方越来越少了；原来外形圆圆的也不圆了,像只蟾蜍;原来纯黑色的外皮颜色变成了黑黄(较深)相交的了;原来喜欢用尾巴,现在喜欢用腿了……

有一条小蝌蚪已经长得有模有样了,像一只蟾蜍了,我刚开始还以为它是青蛙呢!

我过一段时间就要把它们送回大自然了,它们一定会活得更好!

[徐真松《小蝌蚪(2)》]

2014 年 4 月 28 日

教材课文和弟子日记

一

也许该为我们的日记点评课录像?那么你将看到,最为精彩和动人的不是老师的点评,而是孩子那露珠一样新鲜、海绵一样贪婪的吸收状态——那些因为渴望、羡慕、荣耀、受教而放光的眼神和面颊!

"骆慧娟的《彩虹织机》很好。在翻花绳的游戏中,'彩虹织机'是一种相当复杂的样式,骆慧娟同学以清晰的语言写出翻成'彩虹织机'的过程。让老师都有动手一试的冲动。""呵呵,就是啊!很难的!"玩过的孩子会心地点头。

"李晨曦的《灰暗的节日》写自己五一那天不慎摔伤,之后三天就待在家里的寂寞。从受伤流血到伤口结痂的过程写得真切。老师向李晨曦表示深切慰问。"所有的目光都转向作者——集中到结痂的上唇。

"这个五一,很多同学都出去游玩了。其中有不少去了山区。居住在城里的我们到了山区,当然要写那里的山清水秀。在这些春游的作品中,尤毅晗的《春游大别山》最为亮眼,为什么?除了山清水秀之外,他特别写到了山区的星空。

> 天黑了,爸爸的心情很好,就在外面看星星,我在床上看电视,突然爸爸叫我出来,说:"你看,那是北斗七星。"果然,天空的北边有七颗星星组成了一个勺子。爸

爸还说:"那颗最亮的是不是北极星?"群山环绕的夜空并不大,没有月亮,能看见很多星星,北极星肯定很好找。

我真想自己的家也安在深山里,每天可以呼吸到新鲜的空气,每夜可以看到明亮的星星。

就这样,山区的星星把这篇文章也给照亮了!在光污染无时无处不在的今天,能够享受到真正的夜晚、真正的星光,实在是一种福气——有时也是需要灵气。尤毅晗的日记让老师想到了一本书,它的名字是——"

"魔——女——宅——急——便。《魔女宅急便》!"孩子们随着老师板书念道。

"这本书的开头就说,如今的魔法越来越少,一个重要的原因就是:真正的黑夜正在消失。哦,这跟虚无入侵幻想王国是一样严重的险情!因为真正的黑夜在消失,会魔法的人越来越少,魔法师的魔法也越来越简单。"

"小魔女的妈妈嫁给一个凡人,生下的小魔女就只会骑着扫帚飞。"王曼林说。老师大力表扬了她。

"尤毅晗,《魔女宅急便》,这就是老师给你的奖品。老师发奖,你爸买书。好不好?爸爸会给你买吗?"

"好!会!"尤毅晗兴奋地记录书名。几个同学也记录。

二

"同样值得表扬的爸爸还有吴宇明的爸爸。为什么?听听就明白了。"

运动完以后,爸爸看时间不早了,就要带我回家,可是我还想再玩一会儿,就没有听爸爸的话。我看到沙池里有沙，就用小袋子装了一袋沙，准备带回家玩。当我拎着袋子准备坐电动车时，却发现爸爸已经骑着电动车在前面的路上了。我赶紧撒开脚丫往前追，当我气喘吁吁地追上时，爸爸却对我说："明明，我送你一样东西。"我没好气地问："什么东西？"爸爸说："一句名言。"我又问："什么名言？"爸爸说："火车不等人。"爸爸接着又说："意思是：火车到了开的时刻，不会因为一位乘客没有到而停开。"我一听，心里更生气，可是仔细想一想，爸爸说的确实有道理，本来想发的火也发不出来了。

爸爸看到我手上拎了一个沙袋，就又对我说："明明，我再送一句名言：不要拿别人的东西，哪怕是一袋沙。"我听了以后，真是哭笑不得，赶紧表示明天把手上的沙袋送回沙池。

当我们骑到十字路口时，我看到红灯亮了，就赶紧喊爸爸停下。爸爸回过头来又对我说："明明，我再送你一句名言：别人说得正确就要听从，哪怕是小孩子。"我听了以后，不禁笑了起来。

"呵呵！"一片笑声中老师接着说，"还记得《猜猜我有多爱你》吗？整本书都是兔子父子的睡前对话！生活中值得写的东西就是这么多，只要你有能感受的心和会发现的眼睛。"

三

凭借一纸简要的批改记录，所有得到表扬的日记都以讲述的方式"直接进入"孩子。相比于拿着日记本朗读，讲述更能抓住孩子。

下面才是这次点评的高潮，也是文本题目的来由。

与鸟儿"对话"

王浩

这个星期我们学了《鸟语》这篇课文,上过之后,我心里便有了一个想法,那就是和鸟儿谈谈心。

可是我试了五次都失败了,有点想放弃了,不过这"放弃"两个字我是绝不会说出口的!失败乃成功之母,经过五次失败之后,我找到了成功的诀窍:如果想与鸟儿对话就要安静,一动不动,听鸟儿说话,并且在心里想象出鸟儿说出的话。这就是和鸟儿对话。

一切都准备好了,我立刻出发了。刚一出门就看见一只大胆的麻雀在那里吃米,我站着一动不动,过了很长时间,刚要开始,就听见王宇翔从草丛里冒出来大喊:"不许捉麻雀!"那只麻雀一阵风似的飞走了。我的信心再一次被打击了。

我没有自信了。就在这时候,我的面前又飞来一只鸟儿,站在地上一直看着我。我也看着它,一动不动。就这样,我们进行了心灵的对话。

"王浩的经历让我想起一本书:《秘密花园》。"

"《秘密花园》。"接到老师停顿的暗示,全班一起跟着说。

"书里一个名叫肯迪的男孩,野地里的所有动物都是他的朋友,所有的鸟儿都愿意和他在一起。为什么?因为肯迪超善良,超安静!这种安静是一种高贵,也是对动物的尊重,所以肯迪获得了动物的信任和喜爱。和课文《鸟语》相比,王浩的心灵对话更真实。为什么?因为王浩懂得了长时间的静默和一动不动!而这种静默和尊重,我们在《鸟语》里丝毫没有感觉!这一点真实而高贵,就是王浩日记超过课文的地方。记住那本好书的名字——"

"《秘密花园》。"全班一起说。

"《秘密花园》,世界儿童文学的经典之作。《秘密花园》,是老师给王浩的奖励。老师发奖,你妈妈买书!肯迪把一个刁蛮吵闹的女孩带进大自然,从而治好了那个女孩的毛病,然后又和这个女孩一起,把另一个卧病在床、鬼哭狼嚎的男孩带进自然,结果是……哦,那真是一本好书!而王浩的身上就有肯迪的影子!这本书简直就是为王浩写的。一个问题:你妈妈会给你买吗?"

"会!"

老师说得有些激动。王浩目不转睛地盯着老师,脸色通红。同学们的脑袋像摇头扇一样在王浩和老师之间转动。

四

停顿,让激动稍稍平息。

"一个问题,王宇翔为什么会从草丛里冒出来?王浩你知道吗?"

"不知道。"

"让我来告诉你吧!"大家的目光一时聚焦于王宇翔,王宇翔的脸瞬间通红!这就是讲述日记的好处!讲述让点评充满悬念、扣人心弦。当然像今天这样戏剧化的事情,实在可遇不可求。

捡 瓶 子

昨天骆慧娟过生日,我送了 23 元礼物。妈妈就要我每天都捡瓶子还妈妈的钱。我算了算大约要捡 460 个瓶子(5 分钱的瓶子),每天捡 5 个,一共要捡 92 天。想到这里,我马上就出发了。

在我们小区捡瓶子很难,因为我们小区有很多清洁工阿姨打扫时都把瓶子捡了。这也说明我们小区的环境很好。大半天也没有发现。我仔细观察每一个角度：草地上，人行道，大树下……

当我捡到一个瓶子时，有些奶奶就问："你有没有喝完？"那时我就低声说："还没有喝完。"就这样，我在草丛里找，满脸都是黑黑的，在树下找，直到找到5个瓶子。我就回家跟妈妈说，妈妈叫我再接再厉。

不管我有没有捡到，妈妈都会说一句"再接再厉"。今天我又捡到很多瓶子，我已经卖了5毛钱哦！

"从骆慧娟过生日的'昨天'到写日记的'今天'，你一共才捡了几次？"老师问。

"两次，'昨天'一次，'今天'一次。"

"什么时候卖的？"

"昨天。日记里的'昨天'。"

"5分钱一个，5个怎么卖了5毛钱？"

"还有5个是骆慧娟她们喝完了送的。"

"为什么不写清楚呢？少了这一点说明，事情的真实性就值得怀疑了。"

"是真的。我一放学就捡，上学也捡。刚才我已经捡到一个。"说话间，王宇翔从书包里掏出一个踩扁了的矿泉水瓶。

"哈哈！"全班大笑。

"不要笑！王宇翔同学在我们班上自理能力、独立能力最强，也是学习自觉性最高、字写得最漂亮的。我知道这和他的母亲有很大关系。然而读到这样的日记，老师还是有些吃惊了！你觉得委屈吗？"

"不委屈。这能锻炼我的能力。而且已经有同学帮我捡了。"

"哦，如此教养儿子的方式，在今天实在是少见又难得。王宇翔，我给你的奖励是——"

全班都竖起耳朵。

"告诉你妈妈,就说薛老师说的,因为日记写得好,也因为字漂亮、独立能力强,老师奖励一元钱。老师发奖,你妈付钱。我的意思是——"

"让我妈免掉我一块钱的欠债。"

"你妈妈会同意吗?"

"会。谢谢老师!"

2014 年 5 月 5 日

附录教材课文:

鸟　语

　　我是个在农村长大的孩子,从小就爱鸟,爱看鸟儿那美丽矫健的身姿,爱听它们的歌声和软语。

　　听爷爷说,鸟儿是会"说话"的,有人也真懂鸟语。据说,古时候有个叫公冶长的人,就是位通晓鸟语的专家。有一次,他从燕子的呢喃软语中听出:"公冶长,公冶长,南山顶上有只大肥羊。快快去背来,你吃肉,我吃肠……"他爬上南山,果然背回一只摔死的大肥羊。

　　我多想做一个通晓鸟语的"公冶长"啊!即使得不到大肥羊的犒赏,能跟鸟儿谈谈心,聊聊天,结为好友,听它们讲讲鸟类王国的趣事,也是很快意的。于是,我便经常试探着和鸟儿接近,跟它们交谈。

　　春天,布谷鸟飞来了。它们那"布谷,布谷"的亲切啼叫，分明是催促人们快快出工呢！我最喜欢跟布谷鸟对话了：

"你做什么？"

"种田织布。"

"你喜欢什么？"

"勤劳刻苦。"

这样无拘无束地一问一答，有趣极了，我自己仿佛也变成了一只翩翩飞翔的鸟儿。爷爷见我呆愣愣地跟树上的鸟儿说傻话，便在一旁提醒我："听，布谷鸟叫你勤劳刻苦呢！还不赶快上学去，愣着干啥？"我听了立即背起书包，向学校跑去。一想起布谷鸟那充满深情的声声催促，我在学习上还真不敢疏忽怠慢。

据说喜鹊是报喜之鸟，总是给人们预报喜讯，乡里人都很喜欢它。所以，尽管它的嗓音并不出众，听到它的叫声，人们仍倍感亲切。"喳喳喳喳，喳喳喳喳"，那不是分明在说"喜事到家，喜事到家"吗？每当这时，我心里便有说不出的高兴，总是盼着喜事快快降临。虽然它的"话"常常不能应验，但总能给人以希望和安慰，给生活增添不少乐趣。

还有画眉啦，黄莺啦，百灵啦……它们的"语言"丰富极了！一听到它们的叫声，我便以"知音"自居，作出各种各样的猜想，编织出许多有趣的故事来。虽然我一直没有学到公冶长的本领，却跟鸟儿建立了异常深厚的感情。从终日忙碌的燕子那里，我认识到勤劳的可贵；从飞行整齐的大雁那里，我懂得了纪律的重要；从搏击风雨的苍鹰那里，我学到了勇敢顽强的精神……

鸟儿的确是我们的好朋友哇！

真实对抗一致性

一

今日点评的主题是"动物故事"。

  骑了一会,我们就到了柏檋坝了。这时,我们看见了一个牧羊人,他有五十多只羊。这些羊一点都不像动画片里的,羊毛不是毛色洁白蓬松,而是又脏又乱的,有的羊毛是白色的,有的是咖啡色的。羊的眼睛是圆滚滚的黄色,瞳孔是黑色的,和它们的屎一样大。羊的脖子上有两块锁骨,这两块骨头很突出,就像它脖子上的挂坠一样,它的骨头还是软软的,可以在肌肉里随便动来动去。这个牧羊人说这些羊的锁骨营养成分很高。

(郭与然《柏檋坝边》)

"这是真正的羊!作者将水边的羊和动画片里的羊对比。动画片里的羊漂亮但虚假,水边的羊真实而有生命力!这也提醒我们:到大自然中去接触真实的生命是多么多么重要!"

  今天上午,我在鞋柜旁边发现了一只企图钻进鞋柜的蜗牛,那蜗牛见到我赶紧缩到壳里去。于是,我提着蜗牛并把它递给了爸爸。

  爸爸把这只蜗牛丢进鱼缸里,蜗牛伸展出身体,爸爸告诉我,蜗牛死了。于是,我看见有一条金鱼用嘴触碰了一下蜗牛,两下、三下……由于我还有事要做,所以我就不去看蜗牛和金鱼了。过了一会儿,我的事做完了,我就又去看金鱼了。我突然发现,蜗牛不见了,难道被金鱼吃了?于是,我把鱼缸里里外外都看了一遍,也没找到蜗牛。

我上网查了一下,发现有些大金鱼的确吃蜗牛,也吃小鱼,看来,吃掉蜗牛的罪魁祸首是我养的两条大金鱼——凶狠和狠凶,这是因为这两条鱼一直对我养的六条小鱼很凶狠,所以我才起这两个名字。

知道了真相后,我连忙写下这篇日记,以后,我对凶狠和狠凶可要刮目相看了。

(潘巳欣《金鱼和蜗牛》)

"哇!金鱼吃蜗牛!有点恐怖耶!"惊叹的同时,大家照例向作者行注目礼。沉静有如小鱼的潘巳欣害羞地笑了。

礼毕,请黄昕茹朗读自己的日记。

我家有个"蜘蛛侠",你相信不?

这只"蜘蛛侠""生活"在书架边,不,是藏在书架边!说来气人,我每次刚要打这只蜘蛛时,它就迅速地躲回书架后面,任我在那儿上蹿下跳。就这样,它用矫健的身姿在我家赢得了一个生存空间。

细细看看这只"蜘蛛侠",长得不丑呢!一圈一圈的黄色条纹绕着黑色的"皮肤",多么匀称!八条腿上的黄斑密密麻麻,甚至还带着些紫色斑点!再看看它的腰身,标准的魔鬼身材!但这些,似乎也让它变得更恐怖了。

这只"蜘蛛侠"没过几天便开始"不安分"了,一天到晚不停地织网:先是吐出一根丝,再拿着这根丝飘到离它最近的一面墙，然后在这根丝上加固一番，如此这样重复几次，一个蜘蛛网最基本也是最牢固的底部做好了。

自从发生过那两件事后，我改变了对蜘蛛的看法。星期五的晚上，我家的"蜘蛛侠"捉住了一只蚊子；星期六的下午，我家的"蜘蛛侠"捉住了一只飞虫。这真是"蛛不可貌相"。它的样子恐怖，但它吃害虫。

星期天的上午，我把我家的"蜘蛛侠"放回了大自然。

（黄昕茹《"蜘蛛侠"》）

"鲜艳恐怖的外貌、可敬的生存机智、高超的织网本领——这让我想起了夏洛。然而这又千真万确是黄昕茹——你家的蜘蛛侠！'这一只'和其他任何一只都不同！这一份'真实'和'不同'就是成功，这成功是经过真切细致的观察、真切细致的描写获得的。黄昕茹，你的描写细致、紧凑，充满食肉动物的霸气，也流露出你的欣赏。很好，很灵，很剽悍！"

师生一对一，众人皆注目！多么幸福和珍贵的亲炙其教——如此殊荣，是班上每一个上进孩子的渴望。

二

"王林森，把你的日记本给我。"

鼓眼睛的王林森，双手将日记本捧给老师。一定是因为他做梦也没有想到会有这样的事情发生，王林森的眼睛鼓得更圆更亮了。

"这是写薛老师的。很短。和前面三篇不同，没有相貌描写，没有停下来写细节，没有对话，一件事也没有叙述。听一听，然后告诉我——你以为如何。"

薛老师就像一个永远长不大的孩子，所以她和我们一起非常融洽。为什么说薛老师是个永远长不大的小孩子呢？因为她有一颗童心，会很了解我们，没有说出来的话她都可以知道。

在她讲故事的时候，她像一个8岁的小女孩，（为什么说是8岁？这么确定？）那样细心，那样专注；在听我们高声朗读的时候，她也是非常仔细地听，生怕放过任何一个字。在我们表现不好的时候，她是一个善良的孩子，不说话，在心里反省自己。有时候说罚我们抄书，可是一到布置作业，她的心就软了，没有让我们抄书。

她像温迪一样爱着我们每一个。她是我们的朋友，一个值得所有人尊敬的朋友。

（王林森《薛老师：永远长不大的孩子》）

"你觉得怎样？"

"好。"声音很低，语气里的犹豫恰恰带出深层的认同。

"好在哪？对于写人的文章，老师是有要求的。而王林森的这一篇，几乎没有做到一条。"

沉默。沉默中李伟航举手："平实，很真。"

"最后一段好。"方紫涵说。

"写薛老师的日记不少，写得好的也不少，然而让老师感动落泪的，这是第一篇。就是因为'真'和'平实'。细究起来，还有一个妙处，大约是王林森自己也没有想到的：那就是干净、含蓄。'永远长不大的孩子'这个题目让我们想起哪个人和哪本书？"

"彼得·潘和《彼得·潘》。"

"她像温迪一样爱着我们每一个。这一句让人想起了哪座岛上的哪一个？"

"永无岛上的温迪。""她是一个小母亲，爱着永无岛上的孩子们。"

"《薛老师：永远长不大的孩子》，薛老师就像一个永远长不大的孩子。这样的题目和开头说明薛老师像谁？"

"彼得·潘。"

"结尾又说她像温迪一样爱着我们每一个。这样写矛不矛盾？"

"不矛盾。老师的确有时像彼得·潘，有时像温迪。"

"这篇日记还藏着我们班的秘密！因为有这样一位既像彼得潘，又像温迪的老师在，我们这个班就是什么呀？"

"永无岛！"

"王林森，在你写下这个题目、这个结尾的时候，你想到过这些吗？"

"没有！"

"然而因为真实，这一切都有了！真实是最好和最重要的。请选择真实！请选择那最好的！因为那最好的东西不会独自来，它会伴了所有的东西一起来！"

三

清明节期间，曹可欣母亲告诉我："昨天晚上，我给女儿读有关清明节的范文，想给她来点提示。您猜发生什么事？"

"不知道。"老师说。其实老师是知道的。

"我一篇还没念完呢，她就不要听了。'不是套话就是空话！这要到了薛老师那里，一定不是好文章！你还是让我自己写吧！'"

孩子对于"虚假"的敏感，是"教育真实性"的证明。

> 今日世界最震撼的现象是我们发现面貌不明显的人。
> 简而言之，某种一致性来到人性之上，这证明了以往的年岁并无真正的教育。
>
> （斯坦纳《人学》）

《人学》是一本相当难懂的书。无论第几遍，这些话带给我的震撼，都和初读的时候一样强烈。

幸福的本源在于参差多态，参差多态的本源在于真实。

然而如同虚无之入侵幻想王国——"反教育的一致性"正在处处侵蚀我们生命的真实、丰富和幸福。

文章也是有着相貌和声音的。先说课文，除了古诗，童话、诗歌、散文、寓言……几乎无论什么题材、什么体裁，只要进入课本，都被"一致化"为一个腔调、同一张脸——标准化了的空洞的声音、标准化了的模糊的脸。

何以故？一个重要原因就是"真"的缺失。真生命自是千姿百态的，而假东西无论如何乔装，"假的真相"也难以遮掩。这就如同纸花，无论如何缤纷艳丽，其致命的相同点——纸质和无生命，却是无法骗过感觉的。

教材是这样的教材，教着这样的教材的教师又遭遇一致性的培训。必须用多媒体、必须有小组讨论、必须有扩展环节、必须结合写作……我听过的最恐怖的事情就是：学校按年级组集体备课，汇集集体智慧，从而产生同年级、同学科教师必须统一执行的同样的教案、同样的课件。

"真实的教育"和"真实的生命"呵，就是这样被标准化、一致性蚕食鲸吞的。

> 教师必须是在内心和思想上从不向不真实的东西妥协的人。教师的全身心都必须是彻底真实的。教师绝不应向不真实妥协，否则的话，我们会发现，不真实会得以通过各种渠道流入我们的教学当中，尤其是通过我们讲课的方式。

（斯坦纳《斯坦纳给教师的实践建议》）

2014年5月12日

妈妈的故事

一

5月11日母亲节。12日读到不少题为《给妈妈的礼物》的日记。于是决定13日下午写《妈妈的故事》。

上午讲述"妈妈的故事"。这是写前指导,也是心灵沟通。一切教学都应该是道路,在引导孩子走向知识、能力的同时走进教师的心——窥见教师的深度,这是随年级升高保持权威的途径,也是老师走进孩子心灵的前提。

"如果你爱妈妈,就一定有很多关于妈妈的故事。"

一口气讲了三个故事。

刚结婚那两年,租住在距离学校及娘家很远的农村。从学校到家的路边有一个废铁收购站,坑坑洼洼的路上往往有从车上掉下的碎铁,也往往有人沿路捡拾以卖钱。一个月光皎洁的晚上,我去看母亲,恰巧母亲也从对面过来,正低着头沿路搜寻捡拾什么呢。我非常生气,觉得丢人。母亲拿着一截弯曲而粗的铁丝,孩子似的辩解:"我不是要捡废铁卖钱。我是怕你眼睛不好,上下班走路又急,不小心会被这些钉子、铁丝和小角铁给戳破了脚。"

"这就是母亲,世界上最爱我的人。母亲1928年出生,今年86岁,没有上过学。不识字是她一生最大的遗憾。母亲无比羡慕能够读书看报的人。她不理解为什么那么多识字的人不去读书，而是打牌、喝酒、吹大牛。60岁退休以后，母亲终于有时间认字、写字了。每天下午她都要关起门来，在自己的房间里埋头写一两个小时的字。关门是因为害羞，一有人看，她就更加写不好。她有一个不好意思让外人知道的梦想，那就是有生之年能够自己读报纸。上二年级的重孙女陈乐言如今成了她的小老师。每个周末我都要去帮母亲订正作业，教给她新字。

"'我怎么总也记不住呢？你班上小孩一定不像我这么笨吧？要是都像我这么笨，一定都考不及格？你也一定教不下去吧？'母亲总是这样惭愧地说。我则一次又一次大声告诉她：'妈妈，不要这么说！如果孩子都有您这份心劲，那我就幸福死了！而您对读书的热爱，也该让多少知识分子、大学生甚至老师，感到惭愧！'

"这就是我的母亲。86岁了，仍然源源不断给我带来奋发向上的正能量！很多人奇怪：'看云哪来这么大力量，这样锲而不舍地带着学生、家长和朋友们读书？'一个重要的原因，就是因为我有这样一位母亲。请你们记住，当老师对你们谆谆教诲、严格要求的时候——站在这里教导你们的，不是老师一个人，还有老师的母亲。"

第三个故事很轻松，讲的是我儿子生下来头发就少，母亲使用各种偏方给我儿子生发的趣事。

二

上午讲述，下午写作。中午给孩子沉淀发酵或者回家和父母聊

"妈妈的故事"。

以下是比较好的两篇：

> 我妈妈的脚不好，是因为出过车祸。她的脚走多了疼，爬山疼，剧烈运动会疼。（老师点评：这里出现了三个"疼"，最是令人动容。）
>
> 妈妈知道我在学校体育很是不好，于是妈妈有一天在我写完作业后，问我："我们到楼下去，在小区里慢跑吧！"我想了想，答应了。
>
> 到了楼下，我说："我跑前面，你跑后面，走！"我和妈妈就这样开始跑了。我和妈妈跑完一圈的时候，我对妈妈说："你别跑了，你走吧。"但是妈妈还是坚持着，和我一样慢跑着，一直这样跑完了两圈才回了家。
>
> 回家后，我看着妈妈一边叫唤着一边捏着她的脚，我这时才知道，原来妈妈是忍着巨大的疼痛和我跑完最后两圈的。妈妈的脚只要一走多就会肿，这次当然更肿。
>
> 这学期，我的跳绳现在一分钟能跳一百四五十个，比以前多了一倍，（老师点评：这里的数据增强了文章质感。）这里面也有妈妈带我长跑的功劳。
>
> （徐真松《妈妈的故事》）

> "我们小时候呀！……"我的妈妈正在津津有味地给我讲着她们小时候的那些趣事儿！
>
> "我们小时候呀，家里很贫穷。每当下雨的时候，我和我的同学们就在想了：家里买不起什么好鞋。家里的鞋，都是我们自己做的，底子还很薄。"说到这里，妈妈叹了口气！"结果，我们就把鞋子脱了下来，拿在手上，

走路去上学了!"

"那有没有感冒着凉啊?"我好奇地问。

"当然没有。"妈妈说,"那时候是春天,小草全部都发芽了。踩上去可舒服呢!"

"哇!我也想试一试。"我说着。

妈妈告诉我,她们那时还有许多美丽的小野花,都舍不得踩上去呢。我的好奇心又让我问了妈妈:"那草地上有没有蛇呢?"妈妈回答说:"当然有啦!就是这样才又好玩又惊险嘛!"

我也想到那个时代去!

(杨羽西《妈妈的故事》)

三

大约是《妈妈的故事》余波犹在,直到今天,交来的日记仍颇多与妈妈有关。

上午点评的主题是"漂亮结尾"。

就这样,网了一天,我们也没有收获一条鱼。鱼饵倒是消耗了不少。回来的路上,我对妈妈说:"今天喂了一天鱼。这也不错啊!"

(郭与然《网鱼》)

拌好的贵妃凉皮果然好吃!我觉得味道有些熟悉,为什么会有这个感觉呢?

"嗯,其实你是吃过的。"妈妈回忆着说,"在我的肚子里。那时候我就经常吃凉皮。"

"那时候我是怎么吃的?"

"当然是我吃完了消化吸收了再给你吃啦!"

(徐真松《第一次吃凉皮》)

"这就是秋牡丹,也叫'风之花',成了阿佛洛狄忒和阿多尼斯之间的爱情的纪念。"我说。

"然后呢?"妈妈问。

"然后老师说:要接纳生活的不完美。因为,就连爱与美之神自己都不能拥有完美的爱情呢。"

"然后呢?你们老师又说了什么?"

"然后老师就说:写作业吧。"

(李志宝《红玫瑰与秋牡丹》)

2014 年 5 月 26 日

结　语

　　孩子渴望用全部身心拥抱完整世界。手术式的分科教学支离，其害所及，连儿童阅读也遭到"语文污染"。于是有了课型分类、目标罗列、环节设计、声光辐辏……当此背景，《写作课》不免显得拉杂。因为谈写作必要说到阅读，必须回答读什么、怎么读、读的时间从哪来等具体问题。从来没有救世主！扎根教室、服务儿童，发愿做真实、连续的母语教学的我辈，需要正念、正定和耐性，也需要同道之间的彼此找到、互相鼓励。这又涉及"教师成长共同体"的形成及教师的生命状态、志业幸福……这就以写作为话头，牵扯许多必须直面的问题。

　　习作是花朵，不小心就描画出供给花朵营养的叶子、汲取水分的根部以及上面的阳光、下面的土壤和举起花叶的枝条。这样的《写作课》当然不纯粹，然而我要为自己辩解：人为的藩篱，正在一再和无悔地跨越。儿童阅读使得课内外区别不在，吟诵在东方诗教和斯坦纳之间有了连接……为此，感谢儿童和斯坦纳给予的启迪和滋养。

　　孩子需要权威，如何满足孩子对权威的需要又不使权威堕落成为霸权？这就需要思考、阅读和实践，这就有了关于斯坦纳的学习心得，这就不能不说到自己的阅读。

　　就这样结束吧。愿您的开卷成为一个开端。

2014 年 8 月 5 日